AF590717

Ce vol. contient :

La Melusine. Lyon. G. Le Roy. s. d.

Seul exempl. connu ds les Bibl. françaises

[Claudin tome III p. 95]

Ce volume contient la 1.re et la meilleure
Ed.on des Romans de Bertrand Du Guesclin
et de Mellusine. Voyez les notes
que j'ay mises sur les MSS. et les Ed.ons
que j'ay de ces Romans, in folio.

Bertrand du guesclin.

EN ma pensee sou
uent me delictoye
en ouyr liures et
cōpter les faiz des
anciens,par lesq̄lz
soubz la grace de nostre sei-
gneur duquel tous biens vien
nent cognoissance de raison est
donnee a tout humain. Et de
uant toute rien au fait de cheua
lerie et de clergie q̄ de iustice sont
voyes et droictes gardes ia-
coit ce que ne soye point telle que
en moy doyue estre chiere.mais
les clers et les cheualiers en ma
ieunesse ay voulu hanter voulē
tiers et souuent et le cueur de
moy forment y trait.et depuis
pour mon delit comme celluy
qui par entroublier la duersite
mōdaine par laq̄lle mai cueur
est desuoye ay prins aulcun re
mede de cōfort pour ma pēsee es
leuer et me suis mis a traictier
et racompter par hystoires les
faiz de mes. Bertrād du gues
clin cheualier q̄ par sa doctrine
et par sa vaillāce surmōta en
prouesse to⁹ aultres cheualiers
en son viuāt. Et de luy et de sa
vaillance ala tant la renōmee
que le roy charles de france qui
iustice et cheualerie tāt aymoit
le retint connestable de son roy-
aulme. Cestuy roy charles fut
preudoms et de saincte vie en son
viuant. car auecques ce q̄l fut
tenu le plus preudomme de sō
royaulme il regna par sa iusti
ce en telle maniere et puissance
que bien pouoit on dire de luy
ce q̄ nre seigneur dit par la bou
che de geremie son benoit pphe
te qui au liure des lamētaciōs
dit. Regnabit rex sapiens erit
et faciet iudiciū. Et certes biē
se gouuernoit selon telles pa-
rolles le roy charles. Et biē de
ura chescun cognoistre par ceste
hystoire laquelle doresenauant
ie vueil commencer.mais a to⁹
supplie humblement que se en
aulcuns lieux ie fais ce que sou
uentesfois me aduient Ilz me
vueillent mes faultes debōnai
rement supplier et corriger.

AU temps et regne phe-
lippe le roy de frāce filz
de charles conte de val-
lois frere de phelippe le bel roy
de france et de nauarre qui en son
viuant engendra troys filz les-
quelz lung apres laultre de-
puis le trespassemēt dudit phe
lippe le bel leur pere furēt courō
nez roys de france par la succes
sion du derrain. Et desquelz
le royaulme descendit et escheut
audit phelippe de vallois nep-

ueu ainsne dudit phelippe. En ce tēps estoit en bretaigne ung chevalier nomme regnaud du guesclin seigneur de la mote de bron ung fort chastel et bien seans a six lieues de regnes le chevalier fut preudons loyal et droicturier envers dieu et le mō de renōme de grant puesse et de hardemēt. Sur toute riens aimoit leglise pour la reueren-ce de nostre seigneur de qui tous biens viennēt. cōfortoit les poures et leur faisoit aulmosnes. Vray est q̄ de celluy chevalier et de sa femme qui moult de saincte vie estoit et biē renōmee en son pais. yssirēt trois filz desquelx laisne eut nom bertrand dont en ses iours courut tant de renōmee par toute terre xpienne et sarrazine q̄ il fut craint et redoubte. Le secōd eut nō guillame q̄ moult valut mais pou vesquit. Et le tiers eut nom olivier qui ores regne conte de longueuille. A la haulte puesse dicelluy. B. ne se peut nul comparer en son vivant dont charles roy de france le retint son connestable et chief de toutes ses guerres. Mais pour ce q̄ les chevaliers de ieunesse desirēt grandes vaillances ouyr et voulentiers racompter. Sont cy les faiz dicelluy bertrand ramenteuez depuis le tēps de sa ieunesse iusques a son trespassemēt selō ce q̄ trouve est en ses faiz q̄ sont escriptz es faiz des roys de frāce en leglise de monseigneur saict denis en france.

Bertrand du guesclin ainsne filz de regnaud du guesclin. fut de moyenne stature. le visaige brun le nez camus. les yeulx vers. large despaules. longz bras. et petites mains. Mais pource que de grant beaulte nestoit il pas plei fut pou p̄se en sa ieunesse. et souventesfois advient que lenfant mois prise en sa ieunesse recoit en ses iours auācemēt et grant hōneur. Il advint a une feste de asencion que a la mote de bron vint une converse qui ieune avoit este et estoit de grāt science. Celle cōverse reparoit souvent en lostel du sire de bron qui debonnairemēt la recevoit. et a ce iour la fit asseoir a sa table. Si regarda la converse que a la table seconde estoyēt assis les trois enfans et tout au dernier bout estoit assiz. B. q̄ stoit laisne. mais pou de compte et moigs q̄ les aultres en tenoit le chevalier. Elle cōsidera et advisa la maniere de. B. Et au le-

uer de la table print lenfant qui
estoit en leage de .vi. ans. Et a
pres ce quelle luy eut regarde les
mais et veu sa philozomie elle
demāda au cheualier et a la da
me pourquoy on le tenoit si vil
lainemēt. La dame respōdit
belle amye en verite cest enfant
est tāt rude malicieux et divers
en couraige que oncq̄s son pa
reil ne fut veu. car ia hōme tant
soit de hault lignaige ne luy fe-
ra ou dira son desplaisir q̄ tan
tost il ne soit par luy frappe.
Bien sommes mōseigneur
et moy souventesfois doulens
pour les griefz q̄l fait aux aul-
tres enfans du pais. car ia ne
cessera de les faire assēbler pour
les faire cōbatre et luymesmes
combat avecques eulx dōt mō
seigneur et moy desirons sou-
uēt sa mort ou q̄ oncques ne fut
ne. A celle parolle respondit la
cōverse. ma dame ie vous af-
ferme que sur cest enfant ie voy
ung tel signe que par luy seule
ment le royaulme de frāce sera
essaulcie ne de son temps ne se-
ra nul qui puisse estre a luy cō-
pare de chevalerie. De ce se com
menca la dame a esiouyr. et dil
lec en auātle tit plus chier. tāt
creut .B. q̄l vint en leage de neuf
ans. et prīt une coustume qui
assēbloit les ēfans et les partis-
soit par batailles et souuēt les
faisoit combatre si longuemēt
que plusieurs des enfans sen
repentoyent et sen retournoy-
ent naurez en leur maison. et
luymesmes y estoit blecie et ses
robbes desrōpues. Quāt la da-
me veoit aisi .B. demener moult
estoit dolente. Et luy disoit ma
loustru maulvaisemēt vo⁹ sou-
uēt du hault hōneur a quoy vo⁹
dit la converse q̄ vous deuez ve-
nir. mais certes elle vous a dui
sa mal. car en verite ie ne le pour
roye croyre. de ce ne tint cōpte .B.
aincois fit faire quintaignes et
ioustes denfans et maniere de
tournois selon le sētemēt q̄l en
pouuoit avoir de ce quil en pou
uoit avoir ouy racōpter. Car
adōcques lon faisoit tournois
parmi le royaulme de france.
Ainsi se maintint bertrand ius
ques a ce que les gēs du pais fi
rent plainte au sire de bron de sō
filz qui leurs enfans guerreoit
en telle maniere. Adonc fit cri
er le sire du guesclin et de bron
que nul ne laissast aller leurs en
fans avec .B. Quant bertrand
vist et apparceut que nul enfāt
ne le vouloit plus suyr il se pre
noit a eulx et les faisoit comba
tre a luy oultre leur gre. Adōc

retournerẽt les peres des ẽfans
deuers le sire de bron faire leur
plainte de son filz leql il fit em-
prisonner. Si aduint q̄ vng
soir vne chamberiere portoit a
mẽger a bertrãd. ainsi comme
elle ouurist luys de la prison.b.
en yssit et luy osta les clefz et lẽ
ferma dedẽs. puis sen alla de
nuit en lune des maisons son pe
re.et la print vne iument et sen
alla a regnes. Le sire de brõ a-
uoit vne suer a regnes mariee
a vng cheualier de grãt hõneur
q̄ a regnes demouroit la se tra-
hist. B. Et quãt la dame son
hãte lapparceut elle fut moult
liee de sa venue pource q̄ desia
auoit ouy parler de son maitiẽ
et luy dit. Ha beau nepueu mal
ressemblez la rasse dõt vo⁹ estez
yssu q̄ ainsi vo⁹ demenez villay-
nemẽt.la estoit le cheualier mar
ry de la dame q̄ luy dist. Dame
laisses a. B. soy acq̄ter de ieu-
nesse. puis dit a. B. beau nep-
ueu lostel de ceãs est vostre dont
bertrand le mercia moult debõ
nairement.

EN regnes demoura.b.
auec son oncle longue-
ment et moult changa
de ses manieres. puis fut son pe
re appaise enuers luy et retour
na en son hostel. Et tant creut
bertrãd quil fut en leage de.xvii.
ans. Adõc luy bailla le sire du
guesclin cheuaulx et harnois.
Et dillec en auant il suyuit les
armes ioustes et tournoymẽs.
Et tant fut large et faisant
dons et presens aux gentilz hõ-
mes qui par la terre de son pe-
re passoyent que en brief temps
fut acointe des cheualiers et re
nomme de largesse. Et entre
ses aultres manieres auoit de
coustume que se aulcun poure q̄
rant laumosne sil nauoit ar-
gẽt il se deuestoit et donnoit sa
robbe pour lamour de nostre sei
gneur. dõt son pere lauoit mõlt
chier plus que de nulle chose qui
fust en luy. Or aduint que les
barons de bretaigne tindrent a
regnes vnes bien grãs ioustes
Et de lentreprise fut le sire du
guesclin pere de bertrãd et auec
luy bertrand qui moult desirãt
estoit de iouster. mais pource q̄
trop ieune estoit son pere ne vou
lut point quil ioustat.

Au iour des ioustes se armerēt chevaliers de plusieurs cõtrees a regnes. la eust grant feste et y eust des dāes et des damoyselles. des bourgoys et des bourgoyses. les chevaliers vindrēt sur la place des ioustes q̄ de lēpire estoyēt venuz. Et furēt receuz to⁹ chevaliers et escuyers. Et sur tous ceulx q̄ bien feroyent la iournee donnoit le pris le seigneur du guesclin. Il advint q̄ par ceulx de dehors ioust a vng escuyer parēt de la dame du guesclin et mõlt bel et lõguemēt se maitint a la iouste. puis retourna en lostel ou logie estoit bertrand qui lescuyer cõgnoissoit. et le suyuit en la chābre ou desarmer se vouloit et se agenoilla devāt luy en luy req̄rant q̄l luy voulsist prester son harnoys pour iouster. Dōt lescuyer q̄ le cõgnoissoit luy respondit doulcemēt. ha beau cousin. ce ne deves pas requerre mais tout prēdre cõme le vostre dōt fut mõlt ioyeux. B. puis arma lescuyer. B. mõlt secretemēt puis luy bailla cheval de ioustes et varlet pour le servir et gouverner. Joyeusemēt vint. B. sur le chāp. et quāt il se vit sur les rans il ferit son cheval des es-

perons appertement cõtre vng
cheualier.et le cheualier contre
luy .bertrãd q̃ oncques mais na
uoit iouste ferit le cheualier par
le heaulme de telle force q̃l luy
mist hors del la teste. de ce coup
cheut le cheualier et son cheual
occis. Quant les herauly virent
le rude coup q̃ fait auoit celluy
quõ ne congnoissoit et ne sauoy
ent q̃l cry crier. Jz cõmencerent
tous a crier a lescuyer aduentu
reulx.

Adoncques piqua .b.
cheauchãt les rãs et
tant fit ce iour quil ny
eut nul de ceulx de dedens qui
ne doubtassent le rencõtrer et si
ne sauoyent q̃l estoit. Quant le
sire du guesclin qui toute iour
auoit eu le pris apparceut la
contenãce de ceulx de dedens. Jl
fiert cheual des esperõs et sadres
sa cõtre. B. son filz lequel co-
gneut son pere a ses paremens
Adõc laissa .b. sa lance cheoir. le
sire du guesclin q̃ son filz ne co-
gnoissoit sesmerueilla dõt il luy
auoit la iouste reffuse. Et lors
sassembla auec ses aultres cõ-
paignõs en leur demãdãt silz
sauoyent quil estoit ne cõmẽt ilz
le pourroyẽt sauoir. par le cõseil
du sire du guesclin fut dit que
lung des cheualiers de dedens y
roit cõtre luy et mettroit peine
de le deshaulmer et par ce le pour-
roit on cognoistre. dont partit
vng escuyer qui de grãt prouesse
estoit et de grant vertu. et vint
cõtre bertrand et le deshaulma.
Lors fut bertrand cogneu de
ceulx de son lignaige et de son
pere q̃ moult ioyeux en furent.
Et sur tous ceulx q̃ ioye en fi-
rent le sire du guesclin pour le
biẽ q̃l vit en son filz fut moult
ioyeux. Celle iournee layma
tellemẽt q̃ dillec en auant le tint
moult chier et luy habãdonna
toute sa terre. Quant la dame
du guesclin ouyt ces nouuelles
de bertrãd son filz a qui le pris
fut donne des ioustes de regnes
ne demande nul si elle le receust
a grãt ioye. Adonc luy souuint
des parolles de la cõuerse. Au
partir des ioustes sen alla le si-
re du guesclin a la mote de brõ
auec son filz auquel il bailla
grant estat pour suyr ioustes et
tournoyemens. Et briefuemẽt
tant fit bertrand que de luy cou
rut grant renommee en la du-
chie de bretaigne.

En ce tẽps regnoit en
bretaigne le bon duc
iehã q̃ en tout son tẽps
fut bon fracois preudõs et ioy-
eux et loyaulmẽt auoit serui le
roy phelippes de valloys. cõtre
le roy phelippes guerreoit le roy
edoart dangleterre q̃ tãt fit par
layde des flammãs. alemans.
galloys. hunyers. brebãsons. et
gens de plusieurs naciõs a luy
alliez q̃l mist le siege deuãt la ci-
te de tournay. Quant le roy phe
lippes le sceut il mãda les prin
ces de son royaulme. Au man
demẽt du roy alla le bon duc ie-
han de bretaigne a grant har-
nois acompaigne de ses barõs
Et briefuement le roy assem-
bla quatre cẽs lances et sen par
tit pour aller cõtre edoard. Tãt
cheuaucha par ses iournees q̃l
vint a mõs en henault. Quãt
la contesse de henault qui vef-
ue estoit et par deuocion sestoit
rendue abaiesse de fontenelles
sceut que le roy phelippes son
frere venoit et le roy edoard
qui sa fille auoit espousee tant
se peyna la dame q̃ toutesuoyes
furẽt prises ẽtre les roys treues
en esperãce de paix. adõc fut leue

le siege. Et sen retournerent
les roys chascun en sa cõtree.
Et quãt le roy phelippe fut re-
tourne en france il dõna congie
a ses princes et moult les mer
cya de leur secours. Et sur toꝰ
les aultres le bon duc fut hõno
re et festoye. puir print cõgie du
roy et sen retourna en bretaigne
ou moult fut receu hõnorable-
mẽt. pour la grãt renõmee q̃ de
bertrãd couroit en bretaigne de
siroit moult le bon duc iehan a
le veoir. et pource le manda et
il vint deuers luy. la le receut le
bon duc iehã a son seruice. Et
en tous les voiages ql fit pour
le roy le mena auec luy et en
sa cõpaignie. Ne demoura pas
longuemẽt q̃ le bõ duc iehã tres
passa dõt le pais fut moult en-
dõmagie.

EN ceste partie dit lhy-
stoire q̃ apres la mort
du bon duc iehã le con-
te de monfort frere mainsne du
bon duc alla a limoges pour sai
sir les tresors dicelluy bon duc.
et puis retourna en bretaigne.
Et par largent atrahyt a soy
plusieurs barõs du pais. Et
tant fit que a luy se rendirent
plusieurs villes et chasteaulx
de la duchie. Et briefuement se
nomma duc de bretaigne.

VRay est q̃ hartꝰ duc de
bretaigne pere du bon
duc iehan auoit troys
filz dont les deux premiers fu-
rent engendres en la viscontesse
de lymoges sa feme et le tiers
en la royne descosse. Cestassa-
uoir ledit bon duc iehan et mõ-
seigneur guy de bretaigne cõte
de poitieure et de gre le secõd filz
et iehan conte de mõfort tiers et
derrain filz le bon duc iehan ais
ne apres son pere le duc hartꝰ
regna au gre de tous. Et par
le cõseil de ses barõs fut marie.
mais la duchesse sa femme ne
porta oncq̃s enfans. Et pour
ce q̃ messire guy le secõd filz fut
preudons. et fut plus agreable
aux barõs et au peuple q̃ mes-
sire iehan cõte de monfort. Et
mesmemẽt icelluy bon duc iehã
considerãt que apres luy estoit
le plus ꝓchain pour regner et
heriter a la duchie q̃ ledit messi
re guy voulut et fit par le cõseil
des barõs q̃ au cas q̃ ledit messi
re guy son frere yroit de vie a
trespassement auant luy il vou
lut et ẽtieremẽt escript sõ itẽciõ
q̃ le droit hoir q̃ hystroit de mes-
sire guy q̃ sõ hoir deuoit estre et
se reputast ou filz ou fille car tel
le estoit la coustũe de bretaigne

a ce saccorda le cõte de mõtfort
et tous les barons. Et briefue
mẽt trespassa ledit messire guy
deuant le bõ duc iehã son frere
duq̃l messire guy demoura vne
fille q̃ fut mariee a mõseigneur
charles de bloys nepueu de phe-
lippes roy de france. Or aduint
q̃ apres le trespassement dudit
bõ duc iehan la duchie escheut
audit charles de bloys a cause
de madame sa femme. mais ie
hã de mõfort luy cõtredit et sen
alla deuers le roy et luy porta
lõmage de la duchie quil receut
puis sẽ alla en bretaigne et prit
nom de duc. Et cõtre ledit mõ
seigneur charles chalãga la du
chie. le cõte de monfort fut adõc
ques adiourne par deuãt le roy
il vint et tant fut la cause deme
nee par deuãt les pers de fran-
ce par lesdictes parties q̃ ilz fu
rent apoinctes par droit. Et
en ce comptant fut apoincte au
cõte de mõfort et a luy aiugie la
dicte duchie nõ appartenir. dõt
se partit de court hatiuemẽt sãs
congie du roy. Et sen alla tout
seul iusques a orleãs. et illec se
bouta sur loyre en vng vaisseau
et nuyt et iour sẽ alla en bretai
gne et illec passa la mer et sẽ ala
en angleterre par deuers le roy
au quel il fit hommage de la du
chie. lequel roy anglois luy pro
mist luy garentir. Et ainsi sen
alla des anglois le cõte de mon
fort. Et au iour assigne fut or
dõne par les pers q̃ a charles de
bloys et non a aultre apparte-
noit la duchie a cause de sa fem
me. Et en prononceant larrest
les prelatz et barõs de bretaigne
y pẽdirẽt leurs seaulx. Apres
le iugement partit charles de
court et alla en bretaigne. a luy
se rendirent plusieurs villes et
chasteaux. Et plusieurs se tin
drẽt de la partie du conte de mõ
fort. Ne demoura gueres que
pour faire secours audit cõte le
roy dangleterre enuoya en bre-
taigne le duc de lãcastre son fre
re a grans gẽs. Par my la bre-
taigne alla le conte de monfort
chalengeãt villes et chasteaux
dune part et monseigneur char
les daultre part. dõt bretaigne
fut moult dommagee et les no
bles abaisses. Car adon ceu
bretaigne le pere guerreoit con
tre le filz pource q̃ les vngz te-
noyẽt le parti de charles de blois
Et les aultres tenoyent le par
ti de messire iehan conte de mon
fort.

ADonc fut bertrand ieune denuiron vingt ans et moult aimoit les armes. Si considera en soy q̄ ores estoit tēps dacquerir hōneur. Et biē auoyent lors lieu tous cheualiers et escuiers qui en bretaigne repairoyēt. car la estoyent les guerres des anglois pource quētre le roy de frāce et dangleterre auoit lors treues. Et icelluy secours dangleterre faisoit le roy anglois au conte de monfort pour la puissāce de bretaigne abaisser. Pourceque tousiours estoit en obeissance bretaigne et au secours du roy de france et dangleterre auoit lors treues. Et aultremēt neut pas le roy anglois en vulēte de mener guerre contre charles de bloys q̄ son cousin remue de germai estoit. et cousin germain de sa femme la royne dangleterre pour ayder au cōte de monfort qui riens ne luy estoit de lignaige.

LA renommee fut par toute bretaigne que en la duchie le conte de mōfort nauoit rien ne nul droit: et pource mains bōs cheualiers de france et daultres contrees se tirerent de la partie de charles de bloys. b. q̄ ces nouuelles sceut dit que ia en son viuant ne soustiendroit mauluaise querelle aincois seroit tousiours auec droic

tiree. Si se mist a tenir le par
ty de charles de bloys. et pour
sa vaillāce il actrahy a soy plu
sieurs ieunes gens desirant de
guerres sauoir. Et tantque en
brief temps se trouuerent bien
soixante compaignōs armes
qui dessus eulx firent capitay-
ne bertrand. Quant bertrād se
vit ainsi acompaigne il se print
a courir sur les anglois et fai-
re āba[illegible]elx mais pource q̄ point
nauoit de forteresses ne frontie-
re ou ilz se peussent retraire ilz
conuersoient es grās forestz ai-
si se maintient bertrād q̄ pour
actraire a soy gens darmes dō
noit tout a ses cōpaignōs. Et
en peu deure fut pouure par
sa largesse. Quant bertrād vit
quil nauoit plus que donner il
print les ioyaux de sa mere et les
vēdit et acheta cheuaulx et ar
noys dont contre luy fut cour-
roussee et doulente. Si aduit
vne iournee q̄. B. cheuauchoit
luy quatriesme par la forest. A
dōcques passoit vng cheualier
anglois q̄ de dens le chastel de fo
ueron menoit sa finance pour
mectre a sauuete. Tantost con
gneust bertrand que le cheualier
estoit anglois qui moult ardie
ment bien monte et arme quil
estoit et de grāt prouesse courut
sur. B. et mōlt pou de compte
en tit. pource quil estoit luy sep
tiesme. Toutesuoyes. B. et sa
compaignie courut de grāt ver
tu sur le cheualier anglois. Et
tant fit q̄ en peu de heure il le cō
quit et loccist. Quant. B. eust le
cheualier conquis il sen vint a
sa mere. Et quāt elle lapper-
ceust ainsi monte et arme mōlt
en fut ioyeuse. Adonc fit ber.
apporter la male au cheualier
illec trouua bertrād grant finā-
ces dargent et aussi de ioyaux
lesqueulx il dōna a sa mere. et
moult luy supplia q̄ iamais el-
le ne le mauldise. Quant la da
me vit les ioyaulx q̄ sans com
paraison valloiēt mieulx q̄ les
siens. elle dit a bertrād. bien dit
la cōuerse q̄ par toy seroit hon-
noree toute la geste dōt tu es ys
sus deux tours demoura illec
B. puis prist cōgie de son pere et
de sa mere. et emporta auec luy
tout ce q̄l auoit cōquis fors les
robbes et les ioyaulx tant alla
par les forestz quil vint a ses
compaignons qui moult furēt
ioyeulx de sa venue et moult se
merueillerēt de son estat illec de-
partit son gaing a ses compai
gnons. et leur compta son ad
uenture dont chascun dist a soy
mesmes que encores passeroit

Bertrãd toute la cheualerie de bretaigne donneur et de prouesse. Ung pou seiourna. B. illec puis dit a ses compaignons q ores estoit saison de gueytier et aduiser quelle part ilz pourroyent gaigner une forteresse pour courir sur les anglois.

Bertrand du guesclin qui de ses copaignõs fut mõlt voulentiers escoute dit. Beaulx seigneurs iay regarde que cy pres a ung chastel appelle forgeray lequel tient de par le conte de monfort Robert brãbolle cheualier anglois. No⁹ sommes cy soixãte compaignõs armez dõt il ny a cessuy qui desir nait de vaillance auoir. Plusieurs fois ay repaire en ce chastel ou prisonnier ay este une fois et y ay porte le bois comme ont acoustume de faire pouures gens a leur col vo⁹ scauez que le boys est pres du chastel. de celle heure passa ung varlet de forgeray qui tantost fut pris. par le varlet sceut bertrãd que dehors estoit brambole yssu de forgeray et pou de gẽs y auoit laisse. cellui brãbole estoit alle espier lost charles de bloys qui ung chastel auoit assigie. et illec le cuyda surprendre et de nuyt. Quant bertrãd sceut ces nouuelles il fit le varlet garder. Et tãtost cheuaucherent droit a forgeray. A lissue du bois fit Bertrand partie de ses compaignõs embuchier et luy et la reste se tindrent en maniere de pouures boucherons et leurs colz chargiez de bois vindrent pres du chastel. Adoncques vindrent anglois qui cuyderent que ce fussent boucherõs Et auallerent le pont hastiuemẽt. Et lors Bertrand et ses compaignons entrerent dedẽs et laisserẽt leur bois sur le pont et crierent guesclin. Adonc saillit lẽbuche de bertrãd. Et pour le chastel deffendre assemblerẽt anglois moult asprement cõtre Bertrãd et ses compaignons Illec eut hassault fier et merueilleux. et moult y fut Bertrand blecie. mais furent anglois desconfiz. et le chastel prins qui moult fut fort et bien garny de viures et richesses. Au iour q bertrand print le chastel entra Robert brãbroh en lost de charles. mais il fut desconfit et print son chemin vers forgeray pour soy garentir. Et tãtost luy fut ung varlet au deuant qui luy compta lauanture si se mist a fuyr aultre part. Adonc en vin diẽt nouuelles a .B. qui tantost yssit de forgeray et poursuiuit brambroch. et tant fit. B. quil attaignit brãbroch. la se mirẽt les ãglois en grãt deffence. car plus fouir ne pouoyẽt. mais en la fin furẽt deffaitz. et brãbroch mort sur le champ. Aps celle desconfiture retourna. Ber. a forgeray. et de la en auãt en fut nõme sires. de ce sceut charles nouuelles q mõlt desira veoir bertrand pour la grant renommee qui de luy couroit par toute la duchie.

Durãs ces guerres auoit charles mis le siege deuãt la roche darië en sa cõpaignie estoit le vicõte de rohen et la plus grãt partie des barons de bretaigne pour le siege leuer vidrẽt ãglois qui en bretaigne estoyẽt. Et entre mõseigneur charles et eulx furent prinses treues de .v.B. iours en esperãce de paix. Si aduit q durant les treues messire thomas de grouaye cheualier ãglois passa la mer a grant effort dangloys. Et de nuit sans ce que le duc charles sceut riens de sa venue vint en lost des

anglois q̃ les treues auoiẽt ac
cordees et le lẽdemai matin crie
rẽt ãglois alarmee sur lost du
duc charles q̃ de ce ne se dõnoit
garde. quãt le duc apparceut la
trahysõ il sarma luy et ses gẽs
et assembla cõtre les ãglois. la
eust bataille fiere et merueilleu
se. mais en la fin le duc charles
fut descõfit et son corps naure
de. xviii. plaies mortelles. et y
morut le viscõte de rohãet mõlt
daultres barons et seigneurs.
puis apres la bataille vindrẽt
les varles anglois cerchier les
champs et les occis despoil-
ler. La fut vng varlet nomme
cousin q̃ trouua charles le duc.
et le voulut despoiller. A celluy
donna le duc foy et serment. et
luy pria que a sa femme alast
dire q̃l estoit encores en vie et q̃l
le feroit riche hõme. pour trou-
uer charles le duc fit dangorre
ãglois apres la bataille le chãp
cerchier Adonc fut le duc trou-
ue en vie et fut amene a dãgor
re. lequel le mist en la roche dari
en et luy dist q̃l se rendist a luy
de ce fut le duc reffusant et pour
ce le mist en vng cellier tout nud
sur vng pou de fein. puis fit ve
nir quatre archiers et contre le
duc les voulut faire traire se a
luy ne se rẽdoit. charles respon-
dit que gentil homme estoit et
que sa foy ne bailleroit a aul-
truy que a celluy a qui lauoit p
mise. la estoiẽt plusieurs cheua
liers qui de charles eurent pitie
et dirent a dãgorre quil ne fust
tant hardy de le faire occire. A
dõc dãgorre se reffraignit. Ai
si fut charles prins par la des-
loyaulte des anglois qui en an
gleterre le menerent. et fut ren-
du au roy edoart. despuis q̃ char
les fut prins les treues des frã
cois et des anglois faillirent.

Et les treues faillies fit le roy
edoard tresgrãt armee que cõ-
duisoit le prince de gales son ais
ne filz lequel passa la mer et en
tra en picardie en gastãt le pais
de picardie et de champaigne. et
puis print sa voye droic en ga
scoigne.

POur le prince guerroy
er assembla le roy ichã
de france tresgrant ar
mee et les pñces pour
luy. Et luy mãda le roy batail
le. mais moult se doubta le pñ-
ce qui tousiours cheuaucha
vers guienne. pourtãt le pour
suit le roy tant q̃ entre poitiers
et chauuigny la cõceust. Quãt
le pñce apparceust q̃ la bataille
ne pouoit eschuer il enuoya deus

le roy pour traictier et se partir
sans bataille. Et fit offrir ren
dre au roy tous les chasteaulx
qui de par les anglois estoyēt te
nus ou royaulme de france et
cent mille frans. Ces offres
conseilla de prēdre au roy le ma
reschal dātrehan q̄ du cōseil du
roy estoit. mais la fut le mares-
chal de clermont qui au roy le
desloigna. et dist au mareschal
dentrehan que pour ce q̄ peur a-
uoit donnoit le conseil des parol
les se courroussa entrehan et dit
au mareschal de clermōt. Cler
mont affin q̄ sachiez se batail-
le ya que ie nay pas peur Je vueil
que vous sachiez q̄ larrest de ma
lance y sera plus auant q̄ la poi
te de la vostre ne sera. Finable-
ment toutes les offres du prince
reffusa le roy. Et entrerent len
demain au matin en la bataille
La furēt les deux mareschaulx
de france qui la premiere batail-
le auoiēt. Et pour les parolles
quilz auoyent euez furent lung
sur laustre moult enuieux Si
defreement entrerēt en la batail
le du prince qui au front de sa
bataille auoit mis grant nom-
bres darchiers pour lesquelz fut
la bataille des mareschaulx des
cōfite. de lost du roy sen partirēt
aucūs princes qui plus de qua-
tre mille hommes emmenerent.
et en la bataille demoura le roy
iehan qui pource ne voult partir
ais assembla a si pou de gēs q̄ de
moure luy furent. Quāt āglois
apperceurent que la cheualerie de
frāce estoit desāparee apertemēt
se assembla la bataille du roy q̄
grādemēt les receut. Et a la fin
fut pris et son mainsne filz phe
lippes auecques luy au moys de
septembre. M.ccclvi. Biē sca
uoit le roy edouard q̄ le roy iehā
poursuiuoit son filz le prīce Et
pour luy secourir enuoya le duc
de lauchastre son filz qui la mer
de bretaigne passa auec grans
gens. Et tāt se hasta pour estre
en la bataille que trois iours de
uant arriua au pōt de see sur loy
re mais les francois luy garde
rent le passaige et luy conuint il
lec arrester ou on luy apporta les
nouuelles de la desconfiture dōt
grant deul demena pource quil
ny auoit este.

Le siege de regnes iura le duc de lancastre Et dit q̃ dillec ne partiroit iusques dedens auroit este En regnes estoit de par le duc charles le boiteux de paucoit qui cheualier fut de grant prouesse. dedens desira mõst estre. B q̃ partie de son lignaige y auoit mais tant auoit le duc assiegee la ville de toutes pars q̃ de gens et viures ne pouoient auoir secours. durant ledit temps dudit siege se tint Bertrand es grãs forestz p̃s de regnes. et souuẽt de iour et de nuit couroit sur lost du duc en criãt guescli. de ce se esmerueilla le duc de lancastre et mõst se enq̃st q̃ estoit celluy q̃ si souuẽt reueilloit son host. la auoit vng cheualier de bretaigne q̃ dist au duc Je vous iure monseigneur q̃ cest vng ieunes hõs q̃ ia en son eage a fait plus darmes que cheualier de ce pais ne fit oncques. Et luy conta puis la prinse de forgeray.. Et que sire sen faisoit nommer. Lors dit le duc que puis quil tenoit le chastel que sire sen pouoit bien clamer mais bien vulsist quil fust aultre part. deuant regnes fit le duc de grans assaulx mais plus y perdit quil ny guaigna. Lors fit la cite miner mais le boiteux de pauehott q̃ de la mine se doub ta ordonna que pour auoir co gnoissance chascũ tenist en son hostel bassins ou paelles darain et unes forcettes dedẽs. Pource furent ceulx de regnes cognois sans de la mine et cõtremineret̃ de la mine sceut Bertrand nou uelles qui moult en fut doulent Et une nuyt cheuaucha Ber trand secretement atout ses cõ paignons et en lost du duc bou ta le feu. Si commenca le cry merueilleux que anglois cuido yent q̃ francois pour le duc char les fussent la venuz. Et celle uo ye print Bertrand quatre che ualiers de lost et luy fiancerent tenir prison puis se retrait Ber trand en la forest. Pour le cry furent ordonnez anglois en ba taille toute nuyt Jusques que les pie du iour uint qui dit que ce nestoit riens. Lors se pensa le duc et dist que cestoit Bertrãd qui dormir ne les laissoit. Adõc uint ung cheualier anglois pri sonnier que Bertrand enuoya au duc et luy dist. monseigneur a uous memoyre Bertrand a qui prisonnier suys pour uous dire que ceste nuyt uous a reueil le mais pource que doresenauãt il uous laisse dormir il uous re quiert que dedẽs regnes Jl uous plaise le laisser entrer luy et ses compaignons car moult desire ueoir ses parens qui leans sont Le duc qui fut moult courrous se respondit que ia treues ne luy donroit aincois feroit plus fort miner la cite. Tant contraigne. rẽt ceulx de regnes q̃ la mine fut percee. la furent anglois esiouiz qui longuement combatirent. et en la fin les ãglois de la mine furẽt mors et descõfis et la mine fõdue. Quãt le duc sceut la descõ fiture en luy neust que courrou ser. Si fit de plus en plus guer tier q̃ uiures et secours neussent ceulx de regnes Et biẽ sauoit le duc qua bien grant pourete de chair estoit mais poĩt ne hysso yent. Lors se pensa dune grant soubtiuete pour les cuider faire yssir Jl fit assembler bien deux mille pors et les fit mectre en pa sture pres de regnes au maretz. Lors cuiderent hyssir mais le capitaine ne le voult souffrir. ain cois trouua une subtilite contre celle du duc Jl manda ung bou chier et fit amener une truye et puis fist abaissier la planche du põt et fit lãcer Jcelle truye soubz la porte au dedens qui mõlt fort se print a crier et a braire. Et tā tost que les pors ouyrent le cry Ilz accoururēt criant ne oncq̄s on ne les peut garder que dedens la cite Ilz nentrassent tous et en telle presse que oncques āglois ny ousa approcher. Ainsi con quirent les gens de regnes les pors du duc q̄ moult marrye en fut et de ce furent ceulx de regnes moult aises car longuemēt auoyēt Jeune de chair et lōguement furet ainsi pource q̄ le duc auoit le siege iure et que de iour en iour abaissoyent de viures et secours nauoyent de nulle part. Le boyteux de paucoit assembla ceulx de regnes pour auoir aduis de q̄l part ilz pourroyēt auoir secours du duc charles qui dedens nantes estoit mais encores prisonnier estoit eslargy sur sa foy ne armer ne se pouoit. La estoit vng bourgois de regnes qui six enfans auoit et nauoit que mēgier lequel dit seigneurs sil vous plaist ainsi comme Je vous diray cestassauoir Je men iray au duc de lācastre et luy diray que banny mauez et tollu le mien et luy diray aussi que secours vous vient de france bien prochainement et que secretement doiuēt entrer en lost puis luy diray que de nantes doiuent partir francoys pour vous secourir et luy diray le chemī quilz doiuent tenir Et en ce faisāt pourray eschapper puis men yray a nantes vers le duc et luy diray la misere ou vous estes mais de mes enfans vous prie. A ce furent les regnoiz accordans et firent vne saillie sur lost du duc et en celle saillie se detourna le bourgois et tant fit quil vint au duc de lancastre et luy dist Ha mōseigneur comme dure chose sera se ainsi regnes demeure. Monseigneur vray est q̄ Je suis de regnes mais ceulx qui y sont men ont banny Et mont oste six enfans et tollu le mié pource mestoye retrait a nantes cuydant trouuer pitie deuers le duc qui compte nen a tenu monseigneur vous estes cy de longue main mais si garde vous ny prenes longuement vous ny seres car par ma foy vous aures demain francoys qui secretement sont partis de nantes pour vous combatre et viennēt par deux chemins pour vous surprendre en deux lieux. Pource ces nouuelles fit le duc ordonner ses batailles et ceulx de regnes firent faire feux de ioye et sur les murs de la cite firent corner les menestriers et monstrer grāt semblant de ioye.

TAnt fit le bourgois ql
eschappa de lost et print
son chemin droit a nãtes
Et le lẽdemain trouua en sõ che
min. B. du guesclin et ses com
paignõs q lost du duc aloyẽt es
piant tantost cogneut Bertrãd
le bourgois qui luy compta cõ
me Il estoit a ceulx de regnes et
comme il auoit parle au duc et
sen aloit a nantes.

CE matin cheuau-
cha le duc de lancla
stre sur le chemin de
nantes en esperãce de rẽcontrer
frãcoys. Et en son siege laissa
tentes pauillons et charroys vi
ures et gens darmes pour le sie
ge garder Bertrand qui par le
bourgoys sceut le departement
du duc vint ferir sur le siege en
criant guesclin et illec se deffen-
dirent anglois. Quant ceulx
de regnes qui le departement sa-
uoyent du duc et aussi que Ber
trãd se combatoit aux anglois
ilz yssirent de regnes et entre-
rent au siege. La furent ãglois
surprins. Et les tentes du duc
viures charrois et pauillons
guaignes et mis en la cite de
regnes auec leurs prisonniers
Ainsi entra Bertrand dedens
regnes dont ceulx de son ligna
ge et de la ville se resiouirent
moult. de ce sceut tost nouuelles
le duc de lanclastre qui moult
en fut doulent. Et dit bien quil
fut deceu. Lors retourna en sõ
siege et de plus en plus le tint a
destroit. Quant Bertrand fut
en regnes atout les viures char
rois et prisonniers il desliura
sans ranson paier tous mar-
chans estrangiers qui auoyent
amene viures en lost et des vi-
ures quilz auoyent amenez au
iour de la pnse les fit payer par
ceulx de regnes mais aincois
leur fit promectre que iamais
en lost du duc nămenroyent vi-
ures. Ce fait les enuoya au duc
et les charga de dire au duc quil
se recommandoit a luy. Et que
pour son corps les biens de la
ville estoyent a son commande-
ment. les marchans vindrent
au duc puis luy cõpterent de ber
trand et ce que par eulx luy mã
da. Moult le prisa le duc. Et
dist que iamais cueur de telle lar
gesse ne pourroit mauuaisemẽt
finer et que encores passeroit
bertrand tous les cheualiers
du monde et fort se dementa de
le voir. Auec luy fut le conte de

panebroh qui luy dit Sire duc ie loue que vous enuoyez a bertrand saucondu it et que vous le mandes. Et ie le cognois tant quil viendra a vous Il enuoya son herault a regnes et par sauconduit manda luy quatriesme de vens regnes entra le herault et se adressa au capitaine. Et luy dit ce pour quoy Il estoit la enuoye. A celle heure sen venoit bertrand le long dune rue vestu dung noir Jaques q̃ nestoit pas de grant mõstre et a son col portoit vne hache. le capitaine monstra bertrand au herault et quãt le herault lapareceut si noir et en tel arroy il dit au capitaine saicte marie sire cõmẽt il sẽble bien estre brigãt en tel estat Beaulx amis dit le capitaine Je vous cõseille que vous parles a luy courtoisement car par maistrise on ne auroit riens de luy Adõc fist le capitaine appeller bertrand. La fut le herault qui courtoisement le salua de par le duc et luy dit. sire a vous menuoye le duc de lanclastre qui pour les biens que de vous a ouy racompter desire moult vous veoir. Et pource vous dis debonnairement que vous quatriesme le vueillez venir veoir a son host. Et pource faire voyes yssi son saucondu it que par moy vous enuoye. Appertement partit bertrand pour aler vers le duc mais auant dõna au herault cent frãs q̃ mõlt le mercya. Plusieurs de lost hyssirent des tantes pour veoir bertrãd et tãt ala q̃l vint a la tante du duc. Et deuant luy sagenoilla humblement lequel tantost le releua et le mercya de ce q̃l estoit venu a son mandement.

Longuemẽt tint le duc Bertrand en parolles Et bien apareceut le duc a son parler q̃ en luy auoit grant hardement et tendit mõlt le retraire a sa part. Et luy demanda qui son seigneur estoit.

Sire dit bertrand ia le scaues asses vous scaues que cest mon seigneur charles qui tient la duchie, de par ma dame sa femme a ce respondit le duc Beaux amis encores ne tiẽt pas charles la duchie de bretaigne aincois tiẽs q̃ c. mille persões en mourront dont dommaige sera. Et bertrãd en sesbatant luy dist Mõseigneur ie croy biẽ quõ en tuera assez mais demourera la voix a ceulx qui demoureront. de ce se prit le duc a sourrire et dit a bertrand se seruir me voules Je vous

feray cheualier et vous donray
vng tel tenement que vous en de
ura souffire a vostre estat mener
Quant bertrand entendit le duc
si songea vng petit et dit. Sire
pleut a dieu que bône paix fust
entre vous deux princes. Car en
verite se paix y estoit et par espe
cial enuers monseigneur char
les le duc a qui ie suis ie feroye
voulentiers vostre gre mais mô
seigneur vous saues que ce p̄sêt
vous aloye seruir et puis vous
laissoye pour aler seruir vng aul
tre qui vous fust contraire vous
me tiendriez pour traitre et deslo
yal ce q̄ ia nauiengne. De ceste
responce prisa moult le duc ber-
trâd et puis fit venir vin et espi-
ces dont les cheualiers qui la fu
rent seruirent. lors estoit en lost
du duc messire guillaume bran
broht frere de messire robert brâ
broht cheualier âglois qui iadiz
tint forgeray messire guillaume
branbroht se trahyt deuers. b. et
luy reqst ioustes de troys fers de
glaiue. Ceste reqste luy octroya
b. ou de. vi. se de troys nestoit cô
têt dôt le duc se prit a sourire et
dit que de fiere responce estoit. b.
Puis leur dit. beaulx seigneurs
puis quê ma p̄sence vous plaist
aisi faire vueil q̄ ce soit a demaî
En ce point vint le herault du
duc et luy dist Sire de la cour
toisie et largesse que. b. me fit a
regnes ie vous mercye car pour
lamour de vous me donna tres
grât p̄sêt. de ce sceut bô gre le duc
a bertrand et lenmercya puis fit
venir le meilleur courcier ql eust
et a bertrand le dôna. Et adôc
luy dit bertrand. Sire vous e-
stes le prince qui oncques mais
riens me donnast Je suis poure
homs et ne vous puis faire ser-
uice mais Je v⁹ iure que en to⁹
cas vous seruiray voulentiers
mon honneur sauf. Le courcier
est bel dôt ie vous mercye. Et de
main par deuant vous lesprou
ueray. En ce point print congie
b. du duc et rentra a regnes Le
demai il côfessa et fit châter mes
se puis sarma et vint en lost du
duc la estoit apreste le duc de lan
castre et le côte de panebroh pour
faire le champ garder briefmêt
y entra messire guillaume bran
broht et puis y entra. b. sur les
destriers môterêt et de grât vertu
coururêt leurs destriers et êferra
rêt lûg lautre es bacinez de la p̄
miere entree et fut branbroh vng
pou naure et Bertrand non
mais du coup fut bien estonne.
Ap̄s cômêcerêt a faire les deux
aultres coups et ne fut blesse nul
ne vûg coste ne daultre. adôc fut

bertrãd doulent de ce que aultre
mẽt nauoient lung laultre enser
re. Si dit au cheualier bran-
broht Vostre requeste vous ay a
complie et par lamour de mon
seigneur le duc qui la est vous
ay espargnie Ces parolles ouyt
branbroht a tresgrant desdaig
et dit a Bertrand que dautant
le requeroit. Si luy accorda
Bertrand. la recommenca la
iouste. Si aduint que de la pre
miere lance Bertrand frappa
branbroht de telle vertu quil luy
persa tout son harnoys en telle
maniere que le fer du glaiue luy
trespersa oultre le corps dont Il
chayt tout pasme sur le champ
Quant Bertrand eust le che-
ualier abatu il saisist son destri
er et tout monte vint mercier le
duc et luy dist. Sire ie vins
cy a vng destrier et ie menuoys
a deux vostre mercy. la vint le
herault du duc. Quant Ber
trand lapparceust tantost luy
donna le destrier quil auoit con
quis dont luy et sa cheualerie se
tindrent a grant honneur.

DEdens regnes entra
messire bertrand qui
hõnorablemẽt y fut
receu et festoye celle iournee mais
enuiron la vesprée fit assaillir le
duc la cite. et en celluy assault
firent tant anglois que Ilz mis
rent vng balfroy bien pres des
murs de la cite. Ala nuytee
cessa lassault et mist gens dar
mes et arbelestriers audit bal
froy en esperance de recommẽcer
le lendemain lassault par le bal
froy mais lendemain au point
du iour par le conseil Bertrand
et le boiteux de paucoit le dit. B.
en grant nombre de gens dar-
mes assaillirent le dit balfroy
et occirent les gardes et boute
rent le feu gregois tant que le dit
balfroy brula dont lost fut tout
esmeu et assaillirẽt anglois biẽ
aspremẽt ceulx de regnes q̇ yssus
estoiẽt. la se deffendirẽt regnois
tant longuement et tant firent
que sans perte sen retournerent
dedens regnes.

ACe temps approu-
choit le temps diuer et
moult estoient le duc
et les anglois trauaillez de siege
tenir qui longuemẽt auoit dure
Et voulentiers eust le duc leue
le siege mais il auoit iure que ia
mais nen partiroit tant que son
penon fut assiz deuant la porte
de la cite. En la cite estoyent en

grant douleur de viures et bien sauoit Bertrand le serment q̃ le duc auoit fait. Si fit assembler les cheualiers escuyers qui dedens regnes estoyent. Et par le conseil Bertrand fut auise que se le duc de lãclastre vouloit luy dixieme seullemẽt entrer en regnes on luy ouureroit les portes et par son serment acquiter on luy mectroit son penõ sur les portes mais q̃ son siege leuast. Ceste chose fit signifier. B. au duc qui debonnairement laccorda. Et demanda respit de troys iours pour auoir sur ce cõseil. Pour lordõnance de Bertrãd fust crie en regnes que le lendemaĩ fust chascũ arme au poĩt du iour. Et tous viures chairs poissons et aultres viures fussent mis sur les esthaulx et fenestres de la cite tout aĩsi que Bertrand le deuisa il fut fait. Aulcuns cheualiers anglois conseillerent au duc que de ce il ne fist riens se plainement la cite ne stoit mise a son commandemẽt et quilz sauoyent bien que la cite estoit affamee toutesfois celle Journee que le duc deuoit entrer Il y ẽtra comme accorde lauoit Et pource alerent alencontre et yssirent dehors le capitaine et Bertrand. Et y entra luy. x. de cheualiers et le menerent luy et sa compaignie cheuauchant tout parmy la cite et par la ville pour voir lestat.

Quant le duc vit la grant plante des viures qui en regnes estoyent sur les estaux et les gẽs qui y estoyent armes Il enuoya vng herault en lost q̃rir ses bannieres et pennons. Et tantost furẽt apportees et mises sur les portes ou monta le duc puis les y assist puis descendit et luy fut le vin aporte dõt il beut. apres boire dit Bertrand au duc. Sire ie vous supplie quil vous plaise moy dire ou sera la guerre doresenauãt. car la me vouldroye retraire. le duc luy respõdit beaux amis vous le scaures tantost.

De la cite de regnes yssit le duc de lanclastre Et tantost quil fut sur le pont si gecterent ceulx de regnes ses bannieres a ses tallos dont le duc fut doulent dont il auoit fait oncques traictie toutesuoies pour sa loyaulte tenir leua son siege et sen ala au chastel dauuoy. Puis de la sen partit tirant a rains la ou Il cuyda se faire coronner roy de france ou droit nauoit mais dieu de qui tous biens viennent luy retailla de son propos si co-me lystoire racontera cy apres et deuant rains vint edouard et si manda a luy venir le duc de lacastre son filz et tous les aglois de sa compaignie. Quat aglois les treues auoient de quarente iours pour dinan recepuoir se se cours nauoient securent le man dement de edouard ilz manderet les cheualiers et escuyers et prin drent conseil entre eulx q bon se roit de prendre vnes longues tre ues en esperance de paix. Lors leuerent anglois le siege de deuat dina puis entreret en mer pour passer droit a calais mais vne maladie print au duc de lacastre que mesel deuint et demoura et re tourna en angleterre q guyeres ne vesquit.

Deuat rais sen partit edouard ardant et exillant le pais de chapaigne picardie et france. Et si cheuaucha iusques enuiron noel. Et en beaulce chaist sur anglois vne tempeste merueilleuse Et maintenoit on que sur eulx chairent pierres du ciel qui tous mors les gectoyent. Et tous mors les trouuoit on etre paris et chartres. molt fut le roy edouars endommagie a celle heure et riens ny conquist ains pour traictie de paix manda au roy de france qui pour luy fut enuoye le duc de normandie reget de frace charles filz ainsne du roy de france au moys de may. M. ccclxiiii. a deux lieues de chartres et illec fut fait accord et paix des deux roys puis sen ala le roy edouard en poure estat en son pais.

En ce temps fut en bretaigne charles de blois qui deliure fut de prison mais armer ne se pouoit contre le conte de monfort qui chalengoit la duchie de bretaigne. Et pour la partie du duc charles le bon Bertrand guerroit. pres de dinan cy est vng chastel appelle bestherel q de par charles le duc estoit tenu.

Deuant besterel mist le siege le conte de motfort acompaigne de messire Jeha chados conestable dagleterre robert canole et daultres gras cheualiers dagleterre. Et plusieurs fois le chastel fist assaillir mais moult ce tint car moult fort fut et bien garny de gens darmes qui bien se deffendoyent. et tant furent assiegiez q̄ viures abaissoiēt au chastel. Le capitaine de besterel print auec le cōte de montfort respit du chastel rendre se du duc charles nauoient secours. Tantost fit scauoir au duc charles le capitaine le respit quil auoit prins auec le conte de montfort. Et en brief temps le duc charles assembla grant cheualerie et briefmēt vit deuant le chastel pour le siege leuer et anglois combatre. la vindrent les euesques de bretaigne qui mōlt furent desirans de mettre paix entre les parties. Et tāt firent que entre eux fut traictie en paix faisant que le duc charles et le cōte de montfort assembleroyent leur conseil. Et a chascun feroit bailler tel nombre de villes et de chasteaulx cōme conseil auiseroit et ordonneroit. Et chascun porteroit nom de duc. dune part et daultre fut ceste chose accordee et baillerent hostaiges et prindrent iour dassēbler. pour la partie du duc charles fut baille Bertrand en hostaige au conte de montfort qui garder le bailla a messire guillaume felletō cheualier anglois

Ainsi se eschapperent a celle fois le duc charles et le conte de montfort sans auoir bataille et leuerēt āglois leur siege. Mais au iour que apointe auoit este le cōte de montfort ne aultre pour luy ny ala ne vit. Et pource deliura le duc charles les hostages anglois. Le conte de montfort deliura de sa part les hostages du duc charles excepte. B. que mōlt doubtoit ql fit retenir et biē garder. Plus dung an demoura Bertrand apres la deliurance des aultres hostages Et souuēt reqroit a messire guillaume felleton quil le voulsist demōstrer au cōte En luy disāt ql nauoit loy de le tenir puis que ses hostages estoyent a pleine deliurance. Et guillaume qui biē cognoissoit le tort que on luy faisoit en fut doulent. Si aduint vng iour quil en parla au conte qui luy respondit guillaume dictes a Bertrād q̄ sil ne me fait fermēt q̄ iamais contre moy ne sarmera que ie ne le deliureray aincois lenuoyeray en āgleterre. de ce fut tres doulent ledit felleton et le compta audit Bertrand.

Quāt. B. sceut la voulente du conte de mōtfort il enuoya q̄rir vng

escuier de son pais qui pres de lo
stel guillaume estoit. et tellemēt
appointa auec luy quil luy ame
na secretement des cheuaulx au
iour que luy auoit chargie. A ce
iour se leua. B. biē matin. Et
pour faire semblant de soy aler
esbatre print le filz felleton qui
bien ieune estoit Et en maniere
desbatemēt ala tant Bertrād
quil vint iusques au lieu ou ses
cheuaulx estoyent et dist a len-
fant de felleton. Beau filz alez
a lostel vostre pere et me recom-
mandes a luy et luy dictes que
du conte ne de luy ne suis point
prisonnier mais trop lōguemēt
mōt tenu en desraison. Pource
men pars. Et lenfant vint a lo
stel de son pere q̄ de laueuture fut
moult doulent quant lenfāt luy
eust dit pour le desplaisir du con
te qui baille luy auoit en garde

Tant cheuaucha. B. q̄l
vint a guingāt ou receu
fut a grāt ioye. La luy
fut dit comme āglois et nauar-
rois guerroyent le pais de fran-
ce. Ceulx de guingant ferme-
rent les portes et dirent a Ber
trād ha sire pres de cy est p̄stan
et aultres chasteaulx que tiēt da
uid hollegriesue cheualier āglois
qui la vicōtesse de rouen a espou
see et tient le parti du conte de
montfort pour ses chasteaulx.
Et moult est guingant greue et
le pais dentour pource que dieu
vous a cy amene vo⁹ priōs nous
pour courtoisie et pour du nostre
que deuāt prestan vueillez met-
tre le siege et certes vous le deuez
bien faire. Et nous sommes cy
tous apprestez pour vous deli-
urer de viures et to⁹ estourmēs
pour le siege mettre. Ceste chose
conuint q̄ Bertrand accordast
de guingant qui de la ville ne le
vouloyent aultremēt laisser ys-
sir dont forment luy desplaisoit
Et briefment yssit de guingant
a grant arroy et ala assegier pre
stan des le lendemain matin et
ce iour mesmes si tost q̄ le siege
y fut le fist assaillir. dedens estoit
vng escuier chastellain q̄ moult
cōtraignoit ceulx de guigant et
leur faisoit de grans durtes car
quāt il les prenoit il leur faisoit
creuer les yeulx ou couper les
bras puis les en ēuoyoit. Pour
ce furent ceulx de guingāt mōlt
desireux dauoir le chastel. dure-
ment fist Bertrand le chastel
assaillir. Et lescuier qui en gar
de lauoit le deffendoit et fort la
uoit guarni mais en la fin fut
le balay pris. B. mādа a seurte
le chastellai qui au balay auoit

tant fait darmes et de vaillances q̄ merueilles estoit a les veoir. debonairemēt luy dist. B. chastellain vous veez bien que le chastel ne pouues plus tenir rendes le par courtoisie a ma mercy. A ces parolles acoururent ceulx de guingāt q̄ le chastellain hayoyent. pour dieu sire firent ilz que ne vueillez traitier le chastel tost aurōs. Adōc de ce felon chastellain ferons tout a vostre plaisir. ainsi le fit bertrād a la requeste deulx. Neautmoins q̄l luy tint puis bon party. apres la prinse de guingāt par la vaillance dudit chastellain.

DU partir vrestan ala bertrād assigier le chastel de tourgoust. Ce chastel tenoit vng escuyer anglois qui thomnelkin auoit nō Au tresor dicelluy escuyer estoyent les pphecies merlin ou souuēt faisoit lire icelluy thomnelkin. Quant il se vit assiegie si luy souuint que es liures de merlin auoit veu q̄ a ce tēps hystroit de la petite bretaigne vne aigle qui de la condicion du petit estornel seroit. Car ainsi cō me lestournel qui deuant tous ceulx de sa volee sassiet en vng champ et ap̄s to' les aultres se assiēt ou quil voyse vont. Et aulcunesfois sassiēt sur vng colōbier pour en faire voler tous les colōs apres luy viēnēt descendre tous les aultres estourneaulx. ainsi est de .B. q̄ de toutes gēs est suy. ne deuāt forteresses ne peut arriuer q̄ briefuemēt ne luy soit liuree et descombree de ses ennemis.

Quant bertrād eust assiegie tourgoust. on demāda a dauid houle griefue cōseil de ceste chose affin quō le fist sauoir au cōte de mōt fort a q̄ fut nōcie et dit la prinse de p̄stan en ce point q̄ ces choses furēt nōmees au cote estoit vng cheualier anglois q̄ felletō hayoit pource que aultresfois lauoit tenu prisonnier et luy vouloit faire la teste copper. Le cōte fut moult doulēt de bertrād qui ainsi sen estoit ale. Le cheualier anglois nomme messire guautier huet dist au cōte que felleton auoit eu de .B. grant finance pour le laisser aler et aultremēt ne sen fust pas ale. ces choses furent rapportees a .B. q̄ dolēt en fut. et tātost ēuoya par deuers le cōte et luy manda par vng escuyer q̄ se saucōduit luy vouloit enuoyer il yroit par deuers luy et gecteroit son gaige de bataille contre messire gaultier huet q̄ mauuaisemēt auoit phelleton accuse. et prouueroit par son corps sans ayde dōme viuant quil sestoit loyaulment party des prisons du conte et de la maisō felletō et sans sa seue et sās ce q̄ en riēs touchast le deshōneur ne de lūg ne de laultre. Au cōte furēt ces chos par lescuyer denōcees en faisant son messaige. et briefuemēt fut phelletō deliure q̄ pour celle occasiō auoit este arreste. A lescuyer dit le cōte. amy vo' dires a .B. q̄ q̄lq̄ part q̄l soit ie le tiēs mō prisonnier. Atāt se leua messire felletō et dist a lescuyer. amy vo' dires a .B. q̄ ēuers moy a moult mesprins. car a fiāce de sa loyaulte le laissoye aler a sō plaisir et aisi sē est party et de ce ne cuydoye pas q̄l se deust cōbatre. car par droit ie le pēse faire aprouchier au parlement de france et bien brief. ne nest pas bel a vng hostellier de sen partir de son hoste sans son congie. veu qua sa feaulte luy laissoye si large prisō Au cōgie du cōte sen partit lescuyer et retourna au siege ou estoit .B. et fit son messaige de ce q̄ felletō luy manda et luy despleust moult pource que de sa

desloyaulte luy faisoit reprou-
che. mais grãs parolles ne lã
gaiges ne tint a celle fois ain-
coys fit engins dressier et le cha
stel assaillir de telle vertu ꝗ brief
uemẽt il fut cõqs et prins das-
sault et toꝰ ceulx ꝗ dedẽs estoyẽt
prisoniers. Apꝰ la prise de ces
chasteaulx sẽ ala. b. par deuers
le duc charles de bloys ꝗ de la ꝑ
son estoit deliure et sur le cõte de
mõtfort cõqst puis sa deliurãce.

Adignant vint le duc
charles ꝗ le mariage
de ber. et de thiephaine
fist et en guerdon de ses suices
luy donna le chastel de la roche
dariẽ a sa vie. ceste fut de hault
lignaige et de grãt sẽs et moult
sẽtreaymerẽt pour lõneur de la
dãe ꝗ de grãt loyaulte fut plei-
ne laissa vng peu. ber. a suyr les
guerres au cõmẽcement de son
mariage. Quãt la dame vit ꝗ
aisi les laissoit elle le blasma. et
luy dist. Sire par vꝰ ont e-
ste beaulx faiz commenciez et
par vꝰ seulemẽt en voz iours
doit estre frãce recouuree. or est
aisi ꝗ pour mamour voules per
dre hõneur ꝗ en vꝰ cõmence. cer
tes sire ceste chose ne pourroye
endurer. car par vꝰ seroye trop
abaissee ꝗ par vꝰ dois estre hon
noree. Et saiches se guerre ne
poursuyues de vaillãce ne pou
ues auoir hõneur. Et en droit
moy ꝗ suis vne pouure fẽme le
cueur de moy ne se pourroit a dõ
ner a ce ꝗ ie eusse amour a vous
si en vaillãce estes ainsi recreãt
en normãdie estoyent en ce tẽps
plusieurs anglois. nauarroys
et gascons ꝗ de par le roy de na
uarre gastoyent le royaulme de
frãce. la trouua messire guillau
me felleton ꝗ maintenoit que a
tort auoit. b. ses prisõs brisees
Et sur ce fit adiourner ber. en
parlemẽt. de ce offroit. b. a soy
excuser. et ꝗ le cõtraire prouue-
roit en chãp de bataille. mais
par bataille iamais ne ce voult
accorder mais le vouloit suiuir
par pees en court de parlemẽt.
Et en la fin fut iugie en la cau
se ꝗ biẽ et loyaulmẽt. b. ꝗ au cõ
te ne a felletõ nauoit foy ne pri
son commẽcee sen estoit deue-
mẽt party. et ꝗ mauluaisemẽt
sãs droicture auoit este detenu.
Adoncques estoit a mellũg sur
sene la royne blanche seur du
roy de nauarre ꝗ a son frere le
chastel liura. auec le roy de na-
uarre estoit le bastõ de marnel a
uec grãt seignorie. Quãt char
les le ainsne filz du roy iehan
duc de normandie et regent du
royaulme sceut les nouuelles il

sen partit de paris a grãs gẽs
et en sa cõpaignie. b. du guescli.

D Euãt mellun vit char
les de frãce duc de nor-
mãdie. Et tãtost prit
la premiere ville. mais briefue-
mẽt luy mãda la royne blanche
q̃ dela separtist et q̃ a elle estoit
leritaige et luy chalẽgeroit. de
ce fut doulẽt le duc. et dit q̃ riẽs
ny auoit la royne blãche fors sõ
douaire. Lendemain fit assail
lir saint marclo q̃ est plus fort
de la ville. tãt fut lassault mer-
ueilleux et fort q̃ mólt y furẽt
de cheualiers et descuyers mors
et bleciez. et en cest assault fut
ber. gecte de dessus les murs de
mellun en la douue. Ceste chose
apparceut le duc de normandie
q̃ a force fit traire. b. de la douue
et cuydoit que. b. fut mort dont
grant dueil demenoit le duc.
mais guieres ne demoura q̃ la
parolle luy cõmẽca a reuenir.
et demãda se nauarrois auoy-
ent rẽdu le chastel. En ce põit
enuoya la royne par deuers le
duc et luy rendit le chastel. A-
donc retourna le duc a paris. et
donna a bertrãd le põt torchon.

E N ce tẽps estoit a eure
ux le roy de nauarre q̃
contre le duc de normã
die guerroyoit. et a sõ aide estoy
ent venuz le casteau de buz mes
sire iehã ionel. le baston de ma-
reul. pierre de saq̃uille et aul-
tres cheualiers de normãdie q̃
tenoiẽt le pais denuiron despuis
eureux iusques a vernõ sur say
ne. Et daultre part en la mar-
che de limosin estoiẽt anglois. et
se tenoiẽt anglois sur la riuie
re de sayne. Creil et aultres vil
les et chasteaulx. Et de par le
roy de nauarre guerreoient. A
mẽte estoient nauarrois et pres
de la a roulleboise q̃ tellemẽt gar
doyẽt les pors et les destrois de
la riuiere de sayne q̃ par la riuie
re ne descẽdoiẽt nulles marchã
dises. Pource esmeurent ceulx
de rouan et entrerẽt en la riuie-
re de sayne a grant nauire et e-
stoiẽt nõbres plus de dix Mille
q̃ deuãt roulleboise vindrent et y
misdrẽt le siege et souuent las-
sailloiẽt. mais fort se deffendi-
rẽt nauarrois. pour ces nouuel
les vit hastiuemẽt. b. au siege.
En sa compaignie estoit guil
laume de lannoy et aultres che
ualiers et escuyers de grãt renõ
ceulx de rouã furent moult ioy-
eux ce lies de la venue de ber.
qui de nuit et de iour sans ces
ser faisoit dresser engins et as
saillir le chastel de roulleboise.

LE siege durãt bertrãd
et guillaume lãnoy fu
rẽt au cõseil par quelle
voye ilz pourroiẽt cõq̄ster mãte
q̃ ville fut forte et bien seant et
mõlt doit frãcoys. si aduit que
en vne nuyt partirent du siege
ber. et guillaume de lãnoy et aul
tres frãcoys en estat de vignerõs
Et enuirõ soleil leuãt approu
cherẽt mãte ou grant vignoble
si est. ceulx de mãte q̃ pẽserẽt q̃
cestoiẽt vignerõs q̃ en la place
se venissẽt louer ilz ouurirẽt les
portes et dedẽs entrerẽt guillau
me de lãnoy q̃ sur le pont fit les
portiers occire et lembuche ou e
stoit. b. et le conte dauseurre a
grãt gẽs saillirẽt et entrerẽt en
la ville criãt guesclin et auseur
re. Adõc leua le cry par la vil-
le. en lesglise de nr̃edame se re-
trahirẽt plusieurs bourgoys et
auãt q̃lz eussẽt cõmẽce a rãfor-
cer lesglise vindrẽt guillaume
de lãnoy et ses cõpaignõs q̃ en-
cõmẽcerẽt lassault. mais tous
saccorderẽt eulx rẽdre a ber. la
vint bertrand q̃ aux bourgois
parla et dist. Si au duc de
normandie vo9 voulles rendre ie
suis prest de vous recepuoir voz
vies saulues. Lors respondi-
rẽt les bourgoys que le plus de
leurs heritages auoiẽt amenlãt
q̃ tenoiẽt nauarrois. mais sire
vr̃e seigneur le duc de normã-
die nous rẽdrõs. mais q̃ pmec
tre nous vueillez faire assail-
lir ceulx de meulant ou aultre-
mẽt ne pourroit estre mãte te-
nue q̃ de tour en iour ne les eus
siõs a noz portes. et no9 q̃ cy sõ
mes serõs assiegez. Et tãt y ex
ploicterõs noz corps et noz che
uãces que mõseigneur le duc et
vous ne no9 en saurez q̃ deman
der. Ce leur accorda ber. Lors
mist. b. guarnison a mãte puis
sen retourna a roulleboise et lors
fit lassault cõmencier grant et
merueilleux. et briefuemẽt fut
le chastel pris ou forte tour a-
uoit. et tous les nauarrois qui
leãs estoiẽt furẽt mors et pris
et en celle nuyt coucha. b. a rou-
lleboise et lẽdemai fit le chastel
raser. et puis sen retourna auec
le cõte dausseurre. Et briefue-
mẽt firẽt grant appareil pour
meulent assaillir et assiegier.

DEuãt meulent vit. b.
en grãt arroy et se loga
en la prairie sur say-
ne. et lendemain au matin fit
la ville assaillir. la furẽt ceulx
de meulẽt en grãt deffẽce. mais
tant durẽmẽt les assaillirẽt frã
coys de traiz et de mine q̃ plus
ne pouoiẽt souffrir lestour. ais

laisserent la ville et en la basse
court se retrahirẽt plusieurs et
aulcũs sur le põt q̃ amparez e-
stoit. de dẽs meulant entra. b. et
au chastellain manda q̃ la tour
rẽdist dõt il fut reffusãt car for
te tour y auoit et biẽ garnie de
viures. Adõc cõmẽca. b. a fai-
re miner pour la tour auoir et
tellement fut minee quelle ne se
peut plus tenir q̃ sur estayes de
boys. q̃. b. fit ordre de gresses et
y fit le feu bouter. Quant vne
partie du bois fut ars la tour
se cõmẽca a ẽcliner dung coste.
adõc se rendirẽt ceulx de dedens
et tout le chastel. Et briefue-
mẽt fit la tour. b. abatre et ra-
ser et tous les murs de la ville
Quãt ceulx q̃ cestoient retrait
au põt apparceurẽt q̃ la tour e-
stoit rẽdue ilz se rẽdirẽt. le pont
fit. b. rãforcer et gardes y mist
adõc prindrẽt ceulx de rouẽ cõ-
giede. b. qui moult les honnora
et sen retournerent tous a leurs
cõtrees.

SUr la normãdie se tint
ber. dillec en auant en
frõtiere sur les ãglois
et nauarrois qui le royaulme
guerreoyẽt. et pour le roy de na-
uarre y estoit le chastal ichã io-
nel saqueuille le baston de ma-
reul et plusieurs grans cheua-
liers dãgleterre. mais en ce con
temple vindrent nouuelles en
frãce q̃ moult furẽt griefz et des
plaisant pour le bõ roy de frãce
q̃ alondres estoit trespasse. En
lan de nostre seigneur Mille
ccclxiiii. dõt anglois furẽt tres-
doulẽs. car oncq̃s de mere ne fut
price de plus grãt vaillãce. Le
roy ichã de frãce fut le pl⁹ hault
cheualier de tout son royau me
ne de luy ne peut on trouuer pl⁹
fort ne plus puissant en sa vie
car gros et biẽ taille et a duenãt
fut. En son viuãt ne fut cheua
lier qui tãt de fais fist darmes
pour sõ corps. mais fortune et
tristour q̃ maintes personnes et
mais preudõmes mectẽt a bas
luy furẽt duremẽt cõtraires.

APres le trespas du
roy ichan de france es-
cheut le royaulme de
frãce a charles son ainsne filz
duc de normãdie q̃ a rais fut co
rõne en lan de la resurrectiõ no-
stre seigneur Mille. ccclxiiii. le
iour de la trinite. Et a son co-
rõnemẽt furẽt les ducz dorleãs
et de brab. it ses oncles et les ducz
dãiou de berry et de bourgoigne
ses freres et grãt nõbre de cõtes
et de barõs. Cõme ap̃s le tres

passemēt du bō roy iehan char
les son aisne filz fut corōne. et
en cetēps le roy de nauarre assē
bla le castau de buz et plusi-
eurs aultres cappitaynes dess⁹
nōmez q̄ pour le royaulme guer
royer partirēt deuers eulx et en de-
nāt droit a paris au mōt de co
cherel trouuerēt .b. q̄ illec batail
le leur liura et les desconfit le
roy estāt en son sacre.

DV tēps q̄ le roy char-
les estoit en sō sacre se
assēblerēt en la cite de-
ureux grāt nōbre dāglois et de
nauarrois q̄ cōduisoit le castau
de buz de par le roy de nauarre.
Et leur intēciō estoit daller de
uāt paris. de ce ouyt .b. nouuelles
q̄ biē hastiuemēt sē ala a rouen
et la fit sa semouce de gēs dar-
mes. En pou de tēps vindrēt
a rouē le cōte dausseurre le vicō
te de beaumont. messire gode-
froy dānequin maistre des arbe
lestriers de frāce. le begue de villē
nes. messire guy de loyeux. larce
prestre q̄ estoit de cheualerie re-
nōme. Carlōnet escuyer de grāt
vaillāce. messire iehā de senar-
pont messire thierry de bonne
mieulle. messire iehan cahieu
guillaume trāchāt. messire en-
gorrāt de hedin q̄ sur sō corcier
arme le bassinet a son harson
passa la riuyere de sayne a noe
au dessoubz de vernō pour estre
a la iournee. car la royne blāche
suer du roy de nauarre q̄ dedēs
vernō se tenoit le iour de la ba-
taille fit fermer les pōtz q̄ nul
ne peut secourir bertrand. et si y
eust plusieurs aultres cheua-
liers et escuyers et se trouuerēt
en nombre. vi. Mille cōbatās

ADōc partit .b. de rouē et
print sō chemī droit au
mont de cocherel en ar-
dāt et excillāt la terre q̄ tenoit
le roy de nauarre. Ces nouuel
les sceut le castau q̄ son host cō
duysoit au plus seuremēt quil
peut pour frācoys surprendre.
Tāt cheuaucha .b. quil vint a
cocherel et se logea en la prai
rie sur la riuiere dure. Par il-
lec deuoit le captal de buz pas
ser. de la venue de bertrand riēs
ne sauoit. Tantost q̄ bertrand
fut arriue luy fut rapporte que
le captal venoit droit a cocherel
Lors fit bertrand armer frā-
coys et ordonner en bataille et
le pōt de la riuiere garder. la fut
larceprestre q̄ reqst a .b. ql passast
oultre atout ses gens pour les
anglois visiter et cheuaucher.

Et ce faisoit seulement pour
ce q̄ armer ne se Vouloit point
cōtre le captal de q̄ hōme de foy
pour sa terre deuoit estre. a ce
fut. B. accordāt. et aīsi se partit
larcep̄stre q̄ depuis en fut dolēt

Depuis q̄ larceprestre
se partit des francoys
ne demoura gueres q̄
sur le pont Virent anglois q̄ de
ler. sceurēt les nouuelles. la se
desploya la banniere du cap-
tal et sur le mont dont Veoient
ler. se tindrēt. Et dillec a plain
pouoiēt Veoir. B. et tout sō arroy
de son ost en la prairie ou logie
estoit. Sur ce assembla le cap
tal la cheualerie de son host et
dit. Seigneurs frācoys sont
cy a petit nōbre. Je voy q̄ cy dess9
ne no9 viendrōt point req̄rir. et
ne voy point q̄ bataille puissōs
auoir se aual ne descendons. et
dautre part ie voy et appar-
coy frācoys q̄ se doubtent. La
fut pres saqueuille q̄ Va dire.

Sire a mō endroit ie ne loue
point la descēdre car le mōt est
grāt et au descēdre se trauaille
rōt mōlt voz armez tellemēt q̄
a lassembler Ung de ceulx de
par dela en vauldroit trois de
voz gens. mais bien pouuez le
mōt garder et attēdre la duētu-
re sās aultre place. a ce cōseil se
tint le captal a celle fois. et puis
dit q̄ voulētiers se departissent
sans bataille francoys. Toute
iour ce tindrēt francoys en arroy
pour anglois recepuoir quāt se
roiēt la descēdue. Du mont de
cocherel quāt vint sur la ves-
pree q̄ B. se appareceust q̄ āglois
doubtoiēt la descēdue il enuoya
Ung herault en lost des āglois
q̄ au captal dit. Sire a vous
mēuoye. B. du guesclin q̄ deuāt
vo9 desliurera place ca dessoubz
a vrē vouloir a trois dartz oul
tre la riuiere pour bataille li-
urer. et ēcores plus vo9 māde q̄
se aīsi ne voulez faire q̄ le lūg de
vous sire captal ou vous iehan
ionel ou saquenuille voulez de
main iouster ca dessoubz il acō
plira au q̄l q̄l vous plaira de vo9
trois en tel conuenāt et en telle
maniere q̄ celluy q̄ abatra lau-
tre de son cheual prendra cel-
le place et a sō choiz cōme il luy
plaira pour la bataille liurer
ou seuremēt se partira luy et ses
gēs pour retourner en sa cōtree
Beaulx amis vo9 dires a. B. q̄
quāt ie verray mō point ie descen
dray et luy liureray bataille. ce
ste respōce rapporta le herault
a. B. q̄ celluy soir fit son host bien
guettier et .ii. iours et .ii. nuys
furent ce point. Si pēsa moult

par quelle voye il pourroit an-
glois cõbatre et les cheualiers
de son host manda pour auoir
aduis auecq̃s eulx. et dist. sei-
gneurs q̃ cy estes vous scaues q̃ de
nulle part nattendons secours
ains vont noz viures en abais-
sant vous vez voz ennemis de-
uant vous en la montaigne qui
bien vouldroient q̃ les comba-
tissiez ce que iamais ne le voul-
droye. Et cy pouuez asses ap-
parceuoir quilz ne dessendront
point aincoys actendrõt a nous
affamer cy bas en ceste vallee.
Et de Vernon qui pres est dicy
et plusieurs aultres lieux leur
viẽnẽt les viures. Iay regarde
q̃ cy oultre la riuiere faisõs pas-
ser nostre sommaige. et apres
nous mõterõs sur noz cheuaulx
et la riuiere nous passerons en
faisãt sẽblant de nous en fouyr
anglois pourrõt dessendre. Et
lors pourrõs retourner sur eulx
A ce saccorderẽt les cheualiers
et lors fut fait sauoir par les
chãbres q̃ le lẽdemain au poĩt
du iour tout le sõmaige fust as-
sẽble et chascun mõta a cheual.

AV poit du iour furēt
francoys armes sur
leurs cheuaulx et de-
uant eulx firent leur sōmaige
passer la riuiere en faisāt sem-
blāt deulx enfouyr. et tantost a
pres fut dit au captal de buz
q̄.b. sen fuyoit. quant le captal
dit frācoys fouyr appertemēt
fit anglois descēdre de la mōtai
gne en faisāt grant huee. et. b. q̄
tousiours faisoit sēblāt de sen
fouyr en ꝑnant garde q̄ āglois
fussēt toꝰ de la mōtaigne descē-
dus. Et quāt il apparceut q̄l
fut temps il retourna a cheual
hastiuemēt. Et se mist entre ā
glois q̄ biē apparceurēt q̄ soub
tillemēt les auoit fait. b. descen
dre. Tātost enuoya le captal sō
herault a. b. et luy manda q̄ se
sās bataille sē vouloit partir il
les laisseroit aller seuremēt. au
herault dōna. b. vng coursier et
cēt florīs. et puis luy dit herault
vous direz au captal de par le
cōte dausseurre et les aultres q̄
cy sōt q̄ se briefuemēt ne noꝰ as
sault noꝰ le assauldrōs. Ceste
responce dit le herault au cap-
tal q̄ mōlt doulent en fut et biē
aparceuoit q̄ fouir ne sē pouoit
sans bataille. Et plus furēt ā
glois q̄ frācoys nestoyent trois
foys. mais la bataille redoub
toit. B. ordōna ses batailles
et du couste de la riuiere mist le
cōte dausseurre et ordōna tre-
stous les frācoys. et ensēble se
misdrēt tous les varles et les
paiges frācoys et aux varles et
paiges des āglois sassēblerēt. et
tāt se cōbatirēt q̄ les varles des
anglois furent desconfiz dont
bertrans et la cheualerie de frā-
ce sen hardierent et plus eurent
espoir de bien.

POur bataille liurer
partirēt les deux hostz
Et a lassēbler sassem
bla vng cheualier āglois q̄ pre-
mier et deuāt toꝰ voult assaillir
rolant du boys q̄ des francoys
estoit q̄ sē partit et de fer de glai
ue occist lāglois cheualier. Tā
tost sassēblerēt āglois cōtre frā
coys. Et la fut naure le conte
dausseurre. et y furēt mors le vi
cōte de beaumont le maistre ar
balestrier de france. messire ro-
bert de bournenuille. messire ie-
hā de cayeu. pierre de lespine et
plusieurs aultres cheualiers de
frāce. Quāt. b. vit la mortalite
des frācoys tātost ala auant et
sassēbla a la bataille du captal
la fut le baston de mareul qui
la iournee greua mōlt les fran
coys et tant fit de son corps q̄

merueilles fut a veoir. de la ba-
taille sen partit messire eustache
de la houssoye q̃ a deux cẽs lãces
vint contre ãglois en la mõtai-
gne par deuers les ãglois au der
riere. et de dẽs eulx entra tresas
premẽt. Car ãglois et nauar-
rois se deffendoyẽt cõtre frãcoys
q̃ par deuãt le cõbatoyẽt messire
eustache et ses gẽs q̃ par derriere
estoyẽt ẽtrez les ẽserrerẽt sy par
derriere q̃lz ne pouuoyẽt eulx re
tourner et aussi par deuãt auoy
ent leurs ẽnemis. Cõtre le ba-
ston assẽbla vng escuyer de lost
bertrand nõme oliuier ferrõ q̃ de
mõlt grãt prouesse fut renõme
longuemẽt se cõbatit au bastõ
et tant fit oliuier q̃ le baston oc
cist sur le chãp. En pou deure
tourna la descõfiture sur ãglois
et nauarroys. La furẽt prins
le captal pierre de saquemulle et
guillaume de grauille q̃ de messi
re guy de bayeulx fut p̃sonnier
et son cõpere estoit de son ẽfant.
et tãtost le deliura en payant. x.
mille floris. dõt cõtre ledit messi
re guy et ses ẽfans print le roy
charles telle maluueillance q̃l cõ
uint q̃l sen allast hors de frãce.
et depuis fut ledit messire guy
enuers le roy rapaisie q̃ moult
de biẽs luy fit. ceste desplaisãce
print le roy pource q̃ son intẽ-
ciõ estoit de faire a guillaume de
grauille le chief trãchier. car du
royaulme de frãce estoit ne et de
luy tenoit sa terre cõme duc de
normãdie. Sur la descõfitu-
re de la bataille arriua le capitai
ne de nouuẽcourt a deux cẽs lã-
ces qui pour le captal secourir y
estoit venu. Et tant firẽt fran-
coys q̃ appertement fut deux le
capitaine de nouẽcourt et ses gẽs
assaillis. et incõtinẽt furent an-
glois et nauarroys et ceulx de
nouẽcourt tous prins et mors et
fut ceste bataille auãt la trinite
en lan de lincarnaciõ nostre sei
gneur. Mil. ccclxiiii. 1364.

De la descõfiture escrip
uit. b. au roy charles q̃
a sõ sacre a rais estoit dõt mõlt
loua mẽseigneur de la victoy-
re q̃ ẽuoye luy auoit par. b. et a
son cõmẽcemẽt. Adõc q̃s sestoy
ẽt les prĩces et cheualiers de frã
ce. Et plus haulte feste en fut de
menee en son sacre et du captal
q̃ p̃sonnier estoit et des aultres
furent tous moult ioyeulx.

Au põt de larche se retra
hyt. b. apres la bataille
et illec fit ses p̃sonniers mener
La trespassa messire iehan io
nel q̃ tãt duremẽt auoit este na-
ure. et la le fit. b. honnorablemẽt
ẽterrer. puis ala a rouẽ ou il fut
des bourgoys honnorablement
receu.

De la cite de raisse par
tit le roy charles ap̄s
son sacre ou mōlt fut
honnoure. puis alla a rouen et
manda a bertrād q̄ ses prison
niers illec amenast. Au mādē-
ment du roy alla bertrād a rou
en et sa cōpaignie mena toute
la cheualerie que en la bataille
auoit este. Et mena chascun
ses prisonniers. de la venue de
bertrand fut le roy treslies et de
la cheualerie et moult les hōno
ra en les merciant de la victoy-
re. Mais apres de saquemulle
qui prisonnier estoit fit le roy
la teste trāchier pource que son
traictre auoit este. La dōna le
roy a bertrand la conte de lon-
gueuille et mareschal de normā
die le fist. Au chastel de longue
uille estoyēt nauarroys qui le
reffuserent a bertrād. Tantost
fit le chastel assaillir et luy fut
rendu.

En ce tēps estoyent en
constātin āglois et na
uarroys en plusieurs
villes et chasteaux et moult en
dommagoiēt la basse norman
die. Adōcques p̄nt bertrād con
gie du roy qui de rouen se par-
tit pour aller a paris et bertrād
alla a cahen et illec assēbla gēs
Et en sa cōpaignie fut vng che
ualier de grāt hōneur et de grāt
vaillance q̄ messire guillaume
boitel estoit nōme. Et au par-
tir de cahē p̄nt sō chemin droit
a valongues. de ce seurent an-
glois nouuelles q̄ sur le chemin
firent vne embusche pour fran
coys surprēdre. Adonc faisoit
messire guillaume boitel lauā
garde. et sur eulx frappa lem-
busche des anglois. et grande-
mēt les receurent francoys. Et
tāt asprement se cōbatirent que
sur le champ furēt vii. xx. an-
glois mors. Et le demourant
sen fouyrēt dedens valongues.

Tant cheuaucha. b. q̄ de-
uāt valōgues ou fort cha
stel auoit arriua. dedens
la ville se logerent frācoys et le
chastel assiegerēt. Par plu-
sieurs foys fit. b. le chastel as-
saillir et grādemēt se deffēdirēt
anglois et nauarroys. adōc. b.
fit dresser engins q̄ grosses pier
res gectoyēt cōtre la muraille.
Et au dedēs du chastel sur les
tours et logemeux auoyent fait
mectre āglois et nauarroys feus
qui les coups des pierres rece-
uoyent. et au chastel auoit vne
grosse tour qui moult fut haul
te et forte. sur la tour misdrēt
anglois vne cloche et vne guet
te qui tous les traitz des ēgins

des frãcoys veoit. Et quãt la guecte veoit mectre les engins en arroy pour pierres gecter il sonnoit la clochecte. et lors ilz se mectoiẽt tous a saulvete ius ques a ce q̃ la pierre fut cheue. Et quant la pierre frappoit cõ tre la muraille. adoncq̃s sail loient anglois qui au droit du cop essuyoiẽt dune toille. Adõc ques ordonna. b. que le chastel fut mine. Mais pource q̃ sur rochier estoit ne le pouuoyent francois miner. et pource iura ber. le siege deuãt valongues. Et le chastel fit fort assaillir. Quant anglois et nauarroys sceurent que. b. auoit le siege iu re ilz prindrent iour de traictier La prindrent et accorderent a certain iour bailler et liurer le chastel a. b. A ce iour vint. b. et les francoys armez en arroy pour dedens le chastel entrer. Et du chastel hyssirẽt anglois et nauarroys. lors cõmencerent frãcoys la huee sur les anglois et nauarrois en les mocquant. Et quant les anglois appar ceurẽt la huee et mocquerie que faisoient francois ilz se repenti rent dauoir fait traictie. Et se retrahyrent aucuns dedens le donio et a eulx tirerẽt la plã che. de ce fut. b. courrousse et as

sault fit recõmencer. Et gran dement se deffendirent ceulx q̃ se furent retrais mais en la fin ne peurent lestour endurer car ilz nestoient nõbrez que a. viii. vingtz hõmes darmes. et a cel luy assault fut le donion prins et ceulx qui dedens estoiẽt. La seiourna. b. viii. Jours. Et ce pendant enuoya deuant caren tã messire oliuier de mãny qui cheualier fut de grant renõ auq̃l la ville fut rendue.

Au partir de valõgues cheuaucha ber. atout son ostz deuant le põt donne ou ville auoit fermee et lesglise ãparee. dedens le põt dõ ne estoit messire hue de cauure loy cheualier anglois a grãt che ualerie dãglois et de nauarrois La fit. b. ses engins drecier et la ville assaillir q̃ les anglois et nauarrois deffendoiẽt. sou uentesfois lassaillirẽt francois mais pou y exploiterẽt. Adõc ques fit. b. vne mine encõmen cer mais anglois qui ce doubte rent cõtreminerẽt et tãt ouure rent Jour et nuyt q̃ les mines sentrecõtrerent. de ce sceust tost nouuelles. b. q̃ dedens la mine entra soy septiesme pour la mi ne conq̃rre. De lautre part vin drẽt anglois et nauarrois a len contre des francoys de la mine. la cōbatirēt lōguemēt frācoys aux āglois et nauarrois. mais en la fin furēt anglois et nauarrois desconfiz.

Deſēs le pōt donne entra meſſire. B. q̄ meſſire huet de caurelay et les aultres anglois et nauarrois prīt a sa mercy. mais ceulx qui frācois estoiēt q̄ le parti de nauarre auoiēt tenu eurēt briefuement les testes tranchees en la place du marchie.

Apres la prinse du pōt donne eust conseil. B. auec la cheualerie de frāce du chastel de saint sauueur La viconte aler assiegier, leq̄l tenoiēt anglois et nauarrois. mais a ce temps au roy le cōte de monfort a grant cheualerie dangleterre. Et par sa force auoit la ville conquise et le chastel assiegie. Pour le siege leuer manda le duc charles secours et escripuy en plusieurs lieux. Et a grāt fit le duc charles sa semonce. la manda bertrād qui le voyage de sainct sauueur delaissa pour le bon charles secourir. Et en brief tēps vindrent de cheualerie le

conte daussenrre bertrand du
guesclin le vicōte de roueu. mes-
sire charles de dinan. messire
olivier de manny. le sire de beau
voir. messire eustache de la aus
soye. le begue de villennes. guil
laume de lannoy croulet. messi
re guillaume boitel. guillaume
de suron. le chevalier bert conte
de tonnayrre frere du cōte daus
seurre nomme loys de chalon
philippe loys de beauieu. gar-
nier de fontenay. le moyne de be
taue. henry de perrefort emart de
poitiers. et plusieurs aultres
chevaliers et escuyers de bour-
goigne et de bretaigne. De guigā
partit charles en grant arroy.
puis chevaucha atout ses hostz
iusques au chastel iossellin qui
de sa part se tenoit la se retrayt
charles le duc et toute son as
semblee. et tantost en sceut nou
velles le cōte de montfort. En
lost du conte estoiēt messire ie-
han candoz chevalier anglois
de renō le sire de clisson robert
cānolle et grāt chevalerie an-
glesse q̄ pour lassēblee du duc
charles furent a cōseil et ordō
nerent q̄ par devers le duc char
les seroiēt de part le conte am-
bassadeurs ēvoyez pour traic-
tier. Et au duc offrirent que se
la moitie de la duchie vouloit
laissier au conte de montfort. et
q̄ chascun deulx portast nom de
duc. en telle maniere q̄ si le cōte
en loyal mariage navoit hoir
masle. Ce que par le traictie
luy avoit este baille si retour-
nast apres son trespas aux hoirs
de charles le duc. et si ces choses
reffusoit adonc q̄ [illegible] auroit plus
grant hardement de combatre
et plus grant cause de le faire.
Ces choses si māda le cōte au
duc charles affin q̄ a sa fēme
la duchesse le fit assavoir pour
ce q̄ de par elle mouvoit la du-
chie. La duchesse qui de grant
couraige fut contredist ces of-
fres et les reffusa du tout en
tout. Adōcq̄s le fit scavoir le
duc charles au conte. et par le
conseil de ses barōs luy manda
que daulroy se partit q̄ son he-
ritage estoit. Et bien sceut que
si bri[illegible]fuemēt ne sen partoit il le
combatroit. Au conte de mont
fort furent les nouvelles appor
tees q̄ le chastel daulroy fit biē
gueytier. tāt tindrent ceulx du
chastel en grant destresse q̄ fort
sabaissoiēt leurs vivres ne par
devers le duc charles ne peurēt
avoir secours ne envoier pour
ce traicterēt avec le conte. et ac-

corderent que si dedens le iour
sainct michiel nauoiēt secours
du duc ilz liureroiēt le chastel.
Et hostaiges en baillerent. de
ce sceust nouuelles charles qui
au conte manda iour de batail
le et partit luy et ses hostz de
iossellin. Tant cheuaucha q̄
le iour deuāt la bataille il vint
a la vallee de louueaux qui de
la venue de charles sestoyrent
ceulx du chastel et leurs trom-
pettes firent sonner. Quant
le conte de montfort et les an
glois sceurent que charles e-
stoit arriue ilz laisserent la vil
le daulroy et aux champs ys-
sirent et en ordonnance se mis
drent. Et de laultre part e-
stoit charles luy et ses hostz
sur la praierie en vng parc cloz
et furent les deux hostz si pres
lung de laultre que veoir sen-
tre pouuoient. Et entre eulx
nauoit que la praierie et vng
ruyssel. Tant fut le conte de
sirant dassembler que a la des
cendue de charles voult les
hostz des angloys faire depar
tir pour aler a lencontre des
francois. Mais a ce ne voult
le sire de clysson consentir. ai
cois luy dit que sans chaleur

deuoit faire ses choses et par
mesure. Et ql pouuoit veoir
que francoys estoient encloz
dedens leur parc dont sans
grant perte ne seroient mis
hors. Sire dit clisson au
conte vous scauez que pour
bataille liurer demain est pro-
mise. Et croy que qui voul-
dra demain attendre que char
les ystra hors auec toutes ses
batailles du parc pour assem
bler a nous. Et si croy que
plus a aise assemblerons cō-
tre ces gens et a maindre per-
te. Et daultre part qui main
tenant assembleroit a ce que
demain auons accorde nous
pourroit estre en reproche. si
loue endroit moy que demain
attendons. La fut robert ca-
nole qui au conte dit. Si-
re loyaulment vous conseille
le sire de clisson et non pour-
tant si francoys qui ores sont
trauaillez fussēt hors du parc
Je conseilleroye que on les
assaillist. car bien sont deux
contre vng de nous. A ce res
pondit clisson a mō aduis ce
noꝰ seroit villennie si trauail-
lez les p̄nions et moins en au
riōs donneur que de les comba

tre au iour acorde. et quant
au grãt nombre ilz sont plus
que nous de ce ie nen dõne riẽs
aincois voul droye que ilz fus
sent encores autãt car en trop
grant assemblee de gens en ba-
taille a souuẽt et voulentiers
effray. Et mieulx vauldroit
a vng prince darmes q̇ en ba-
taille vouldroit assẽbler auoir
xv. cens hõmes darmes de sa
cognoissance q̃ sa voulente feis
sent et plus aisemẽt se tiẽdroi
ent en ordonnãce que ne feroi-
ent trois mille. mais pour noz
parolles nẽ soit ne plꝰ ne moins
car ce que a la cheualerie plai-
ra ie suys prest a moy ẽployer
et les ensuyr. Au cõseil du sire
de clisson se tint le conte de mõt
fort. Et quãt se vint sur la ves
pree au gue qui sur le ruyssel e-
stoit commenca le escarmouche
pour les cheuaulx gaigner a
la breuouer. Adonc cõmẽcerẽt
les varles a crier a larmee. a
celle fois cuyda le duc charles
q̃ le cõte et les ãglois le venissẽt
cõbatre. Adonc mist ses gens
en ordonnance et yssit du parc
atout ses batailles et ses bã-
nieres desploiees. mais tost
vint a charles vng herault qui
luy dist de par le cõte q̃ demain
il fut seur de la bataille auoir.
Lors fit charles retraire ses
gens. quant vint a la nuytee le
duc charles ordõna de ses gẽs
pour le guet de la nuyt faire. et
y fut guillaume de lannoy q̇ la
riuiere passa et toute nuyt che-
uaucha lost du cõte a fallos et
a brãdõs. au point du iour se re
trahyt le guet. de lost du conte
saillirent plusieurs archiers
pour la riuiere gaigner. cõtre
les archiers vĩdrẽt frãcois q̇ les
firẽt reboter en leur host. et aus
si se retrahirẽt par le conseil de
chãdoz. Adonc fit crier le cõ-
te en son host q̃ sur peine de per-
dre la teste hõme ne partit de
lost. En ce point aussi ordon
na ses batailles charles. Et
daultre part se ordõnerẽt an-
glois. adonc dit chãdoz au cõ-
te. sire ne vueillez voz ẽnemis
p̃mierement assaillir. aincois
souffrez q̇lz viẽnẽt p̃mier cõtre
voꝰ Et a ce cõseil se tit le cõte
q̇ sur les chãps se tint. Et dist
en bataille noꝰ ordonnõs et ac
tendons laventure.

Enuiron soleil leuant
voult le duc charles ys
sir du parc atout ses
hostz et a ce ne sacorda point. b.
aincois luy dit. mõseigneur se

attendre voulez en ce parc qui
cloz est q̄ anglois no⁹ venissent
courir sus et en ordōnāce nous
tenir selon mō aduis vo⁹ aures
sur eulx lauātaige. Et a briefz
motz ie ne cōseille poit q̄ les ba
tailles de vostre ost passent oul
tre la riuiere. A ce cōseil māda
le cōte daussseurre le begue de vil
lenne messire oliuier de manny
le vicōte de rouē. messire guy de
urculx et aultres plusieurs che
ualiers de frāce q̄ to⁹ desiroient
la bataille q̄ audit charles loue
rēt q̄ ses ennemis il alast assail
lir. par le cōseil de charles par-
tit le duc de sō parc auec toutes
ses batailles, bānieres et penōs
desploiez et passa la riuiere.
En la premiere bataille vou-
lut estre le duc charles oultre le
plaisir de toute la cheualerie. et
pres de luy furent en bataille. b.
le conte daussseurre. le begue de
villennes. messire iehan de viē
nes. messire oliuier et plusieurs
aultres cheualiers de france et
daultres contrees. Et les aul-
tres batailles conduysoit le vi
conte de rouē et aultres barons
de frāce q̄ au duc se tenoient.

Quant le conte de mõtfort et les anglois virẽt charles le duc qui la riuiere eut passee. Et tous ensemble venoient sarres les lãces abaissees pour bataille liurer. appertement partit le conte atoutes ses batailles et mist ses archiers deuant qui a traire commencerent mais pou dura le traitz. Et apres les archiers fut la premiere bataille que conduisoit messire iehan chandoz q̃ contre la bataille du duc vindrent en grant arroy lances abaissees qui lors ouyst menestriers et trompettes sonner dune part et daultre merueilles estoit a escouter.

En la premiere bataille du conte estoit vng cheualier qui son cousin estoit a celluy bailla sa thumule couuerte toute des armes de bretaigne. Et la luy fit vestir le conte pource que es lors merlin auoit trouue q̃ entre deux seigneurs q̃ de bretaigne contendroiẽt soit grief ue la bataille. et en laquelle seroient les armes de bretaigne desconfites. le cheualier qui ses armes porta oultre la bataille des anglois. et premier assẽbla la bataille du duc charles. Et briefuement assemblerent les batailles et combatirent francoys et anglois tresasprement. moult desira le duc charles trouuer le cheualier qui portoit les armes de bretaigne. et se pensoit que ce fut le conte de montfort.

Et tant alla les rans serchãt que le cheualier trouua et a luy assembla de telle puissance que a terre labatit et occist dont francoys qui cuydoient le conte estre mort prindrẽt en eulx plus grant hardemẽt et fierement entrerent en la bataille du conte. et tant furẽt anglois pourmenes q̃ en voye de desconfiture estoiẽt. de la partie des ãglois partit a .cccc. cent lances messire hue de courtelay q̃ par derriere tout a cheual vint sur lost du duc. Et daultre part sur les esles furent archiers q̃ moult frãcois greuerẽt. et en ce point sentrapproucherẽt bãnieres. la firent tant de cheualerie le conte dausseurre le cheualier vert sõ frere nõme messire loys de chalon et messire oliuier de manny q̃ en leur biẽ faire se delictoyẽt la cheualerie de frãce. Et en ce point se voult partir le

conte de montfort qui a des/
confiture cuyda estre. Mais
par le sire de clisson fut rame
nee et sa bataille enforcee par
luy et messire iehan chandos.
Tant ala le conte dausseur/
re que loeil senestre y eust cre
ue et naure fut en plusieurs
lieux. Et par anglois fut
a terre gecte et cõme mort de
moura sur le chãp dont grãt
dueil eust le duc charles qui
adonc se mist au front des
batailles. Et asprement se
prindrent a combatre fran/
cois contre anglois qui a cel
le heure furent greuez. Adõc
fit courlay sa bataille de gens
a cheual descendre pour eulx
desarmer de leurs arnois et
refrechier pour mieulx com/
batre a cheual. Puis les fit
remonter sur leurs cheuaulx
Et a chascun bailla haches
Et par force de haches par
tirent les batailles du duc
dont anglois contre francois
combatirent plus asprement.
Et en grant deffence se tin/
drent francoys. Adonc sauã
ca tant le cheualier vert que
la bataille du conte de mont
fort abatit. mais pour lay/
de de gaultier huet de courte
lay et canole fut tost releuee
contre la bataille du conte se
assemblerent messire. b. le be/
gues de villennes messire eu/
stache de la houssoye messire
guy de baieulx et aultres qui
soubz la banniere du duc se
misdrent. Et anglois assem
blerent tresasprement. mais
aux francoys ne se peurent re
traire les aultres batailles
qui rompues et departies e/
stoient et desia tournoient a
desroy et rassembler ne se pou
uoient. A celle fois mort fut
messire thomas de cantorbiere
cheualier anglois. Et tost
sassemblerẽt les batailles du
conte et des anglois contre
les batailles du duc. Et en
pou de heure cõmenca la descõ
fiture es batailles du duc qui
merueilles faisoit darmes. et
dune hache ql tenoit abatoit
quant ql ataignoit. En telle
maniere que forment le doub/
toient anglois a rencontrer.
mais tãt et tel nombre assem
blerent a luy armes de lan/
ces que a terre fut porte le duc
et naure en plusieurs lieux.
Et briefuemẽt cõme mort fut
laisse sur le chãp. Quant ber.
sceut q̃ a terre fut porte le duc

ne demandes mie le dueil quil fit. a celle heure furent francois encloz des batailles du conte. La se deffendit grandement bertrand. mais par force fut prins et naure en maisieux. Et briefuement y moururent grant nombre de barõs de france et de bretaigne de la partie du duc charles qui mis fut a desconfiture au iour de la sainct michiel lan de lincarnacion nostre seigneur Mille trois cens soixante et quatre.

Apres la bataille vint vng escuyer qui en serchant les mors trouua le duc charles

en vie et prisonnier le retint et ser-
ment luy fit le duc auquel ser-
mēt luy fit de luy sauuer la vie
Mais en ce point fut rencon-
tre le duc par le sire de clysson
qui de par le conte aloit ser-
chant le duc charles par les
champs. A lescuyer tollit le
duc le sire de clisson Et au
conte de monfort le mena qui
en ceste maniere luy dist. Si-
re charles de blois biē as sceu et
sces que en la duchie de bretai-
gne nas aulcun droit ne de ar
mes ne de lignaige nes extrait
aulcunement. Pourquoy ie te
requier que du tout renonces
a la duchie. et les villes et cha
steaulx qui en ton obeissance
sont me vueillez rendre et mec
tre a desiure sans iamais y riēs
demander. et bien scaichez que
par aultre voye ne peulz es-
chapper aincois morras cy
bien prochaynement. car tu
peuz veoir et cognoistre que
tu es au dessoubz

Quant le duc charles
eust ouy parler le cōte
bien appertement luy
respondit ces parol-
les. Conte de mōfort bien scay

que du duc hartus yssirent en
son premier mariage le bō duc
iehan et messire guy de bretai-
gne son frere pere de ma fēme
et aps le trespas de la duchesse
se amoura ledit hart⁹ de la roy
ne descosse femme du roy qui
oultre mer estoit ale visiter le
sainct sepulcre. Et tant ala le
dit hartus enuiron la royne des
cosse quil engēdra ton pere. et
pour leur pechie couurir vray
est que quāt la royne se vit gros
se elle fit publier par tout le
royaulme descosse q̄ mort estoit
son seigneur en la terre doul-
tre mer dont tost apres la print
et espousa le duc hartus tou-
te grosse. mais guieres ne de-
moura que le roy descosse repas
sa la mer et briefuement sceut
les nouuelles que sa fem-
me estoit mariee au duc de bre
taigne. Si parla le roy sur
ce fait a ses princes qui luy cō
seillerent que sur ces choses pro
cedast par la iustice de legli-
se sans pour achoison de fem
me mener guerre ne son pais
mettre en griefuete. A ce sa-
corda le roy descosse. Et pour
voir print sa voye en auignon
ou moult fut honnourable-
mēt receu du pape et du college

Par deuant lesquelz il mõstra comme de sa femme luy estoit prins durant son pelerinage Et tant alla la chose que par la court de romme fut ordõne et par bulles q̃ par deuãt le roy de frãce seroyẽt mãdes le roy et la royne descosse a certain iour auquel le roy descosse ses faiz proposeroit et toute la cause cognoistroit le roy de frãce phelippe le bel cõme vicaire du sait siege fut ordonne. Et pour ce faire luy enuoya le sainct pere ses bulles. lequel a certain iour mãda le duc hartus et la royne descosse. et pour soy cõseiller mãda le roy les prises et ses p̃latz de son royaulme. Et ce pẽdant le roy descosse vit a court ou moult honnore du roy fut. Au iour assigne vindrẽt le duc de bretaigne et la royne descosse. et par deuãt le roy fut la cause debatue en plusieurs manieres et par plusieurs iournees. Et finablemẽt le roy hartus fut cõdamne a rendre la royne au roy descosse son mari q̃ grosse estoit. Le duc par deuant to⁹ la print par la main et au roy descosse la liura. Adonc la print le roy descosse en la p̃sence du roy. et dist. Seigneurs bien vueil que chascun scaiche que pour ceste dame auoir nay ie pas ce proces fait faire. Car par voye de guerre eusse ie bien mis le duc a desconfiture. mais pour achoise de femme ie ne quiers ma chevalerie ne mes subietz mectre en dangier. Et daultre part grant desplaisir seroit se au temps aduenir estoit reprouchie a la coronne descosse que par nulle voye le duc de bretaigne eust au roy descosse sa femme tollue et sa terre. Et de la dame ay ie a present ce que ien vueil. puis appella le duc hartus qui a luy vint et par la main destre le print et daultre part tenoit la royne descosse. puis dit. Sire duc de bretaigne grant pitie seroit si femme nauiez.

Si aurez la putain descosse qui plus conuenable vous sera que au roy descosse ne seroit dauoir la putain de bretaigne. En ces parolles disant le roy descosse luy liura et ensemble les laissa. Puis se partit le cõseil et fut le roy descosse mõlt loue de sa maniere

De court se partit le duc qui
la royne descosse enmena en bre
taigne. Et tost apres print cõ
gie le roy descosse du roy de frã-
ce qui moult le honnoura. puis
retourna en son pays honnou-
rablement et a grant ioye fut re
ceu. Et puis guieres ne demou
ra que la dame enfanta et eust
vng filz qui ton pere est. Si
peulz veoir par q̃lle raisõ tu as
droit en la duchie. Et biẽ scez
que tu me quiers oultraige qui
me requiers de quicter ce q̃ nest
pas mien. Car bien sces que a
ma femme et a ses enfans ap-
partiẽt. Et ce qui a aultruy est
ne puis riens donner. A ces pa
rolles appella le cõte de mõfort
bertrand lazenat auquel il cõ-
mãda que le duc occit. Lequel
en acomplissant le vouloir du
cõte frappa le duc dune dague
par la gorge et loccit.

ET briefuement fut le
duc despoille des var
les et fut trouue que
dessoubz sa chemise auoit vne
haire vestue. la vint vng frere
mineur nomme frere raoul de
cargaignolles qui vng des plus
fors hommes que lon sceust e-
stoit qui le corps du duc saisit
tout nud. Et le mist sur son
col et plus dune lieue le porta.
puis recouura vne charrette et
a guingnãt le fist porter et en-
terrer en lesglise des freres mi-
neurs. En .xviii. batailles fut
le duc charles en son viuant.
dõt les .xvi. il obtit a la .xvii.
il fut pris a la roche darien par
la desloyaulte de messire tho-
mas de gornay anglois. Et a
la .xviii. fut mort. ce duc char
les fut le plus beau cheualier de
france et le mieulx enteichie de
vaillance. car de cheualerie fai-
soit ce quil appartenoit a prin
ce. Et neust oncques bataille
que a la premiere ne voult estre
Et souuẽtesfois sassembloit le
premier a ses ennemys. Jolys
fut plus que nul aultre toute
sa vie. et de faire chansons et
lays sesbatoit souuent. mais
saincte vie menoit secretemẽt
et maintient on q̃ en sa vie no-
stre seigneur faisoit pour luy
maintz miracles.

Quãt messire .b. sceut la mort du duc en luy neut q̃ courroux. Et de ceste descõfiture ala briefuement nouuelles au roy charles qui tant grant dueil en demena pour lamour du duc q̃ sõ cousi germain estoit que nul ne le pouoit conforter. Et apres les regres que il faisoit de son cousin regretoit messire bertrand et la cheualerie de france. Apres la bataille se rendirent ceulx de la ville et chastel au cõte qui dedẽs entra. Et illec festoya la cheualerie ãglesche qui en brief terme prindrẽt cõgie de luy. Et en guienne alerent par deuers le price de galles. Et leurs prisõniers francoys et bretons emmenerẽt auec eulx.

Depuis que ãglois eurent laissie le conte de mõtfort dedẽs aulroy apres la bataille enuoya deuers le roy six cheualiers de ses gens qui tant allerent que par leurs iournees vindrent au roy. Et en ceste maniere parlerent.

Sire a vous nous enuoye le conte iehan qui de

la duchie de bretaigne se attent a uoir lonneur et de son pere qui cõtre charles de bloys la contenue toute sa vie. bien scet le conte et recongnoit que de vous la duchie de bretaigne doit estre tenue. Or est ainsi que par les guerres que entre charles de bloys et le pere du cõte en son viuant et depuis ont estez la cheualerie et le pays moult greues. Si en est aduenu que en plusieurs batailles q̃ entreux ont este sont mors de grans seigneurs et aultres cheualiers de grant vaillance dont mõlt sont abaissiez leurs lignaiges dont cest dommaige et de la iournee daulroy. Sire scaues vous bien cõme il en va. Grant desir a le conte sil vous plaist vostre grace auoir enuers vous et de vo⁹ faire ce a quoy il est tenu. et se en vostre grace et hommaige de la duchie de bretaigne le vous plaist receuoir appareille est de venir deuers vous. Pource le vous requiert le pais que a ce faire le vueillez recepuoir et nous aussi de par le conte que par vostre conseil soit voye aduisee par laq̃lle soubz vostre obeissance le peuple de la duchie puisse viure en paix et les guerres escheuer qui trop longuement ont [illegible] dure.

En la parolle des cheualiers pensa moult le roy charles de frãce Et puis leur dist. Amis tout le cours de ma vie ay desire et desire mectre mes subgetz en paix Et vostre messaige auons bien entẽdu en bretaigne retournertz Et le saluerez de par nous. Et luy direz q̃ no⁹ ne voulons riẽs faire sans conseil mais pource quil offre manderons bien prochainement noz princes. Et ce que nous trouuerons en leur conseil qui soit bon de faire mãderons au conte. Et atant sen retournerent les messagiers.

Pour auoir conseil sur les offres du conte de mõtfort manda le roy les ducz dãiou de berry et de bourgoigne ses freres et plusieurs aultres princes prelatz et barons. Le roy ẽuoya en bretaigne messire Jehan de chraon arceuesque de rains qui noble homs fut et le mieulx en parler qui en france fust adoncq̃s Et auecques luy messire pierre le maugre de bocigrant mareschal de france qui de grant cheualerie fut renõme et par especial eust mieulx renõmee en ses iours de mieulx trouuer voye de traictier q̃ nul aultre dont en commun langaige lon disoit en son viuant asses plus vault en vng assault faitre que ne fait bociquault mais trop mieulx vault en vng traictie bociquault que ne fait saincte re. A eulx donna le roy pleine puissāce de receuoir le conte en traictie daccort.

Du congie du roy partirēt de paris larceuesque et bouciquault et tant allerent par leurs iournees q̄lz arriuerent en bretaigne. Et premier se retrahirent par deuers la duchesse de bretaigne femme du feu duc charles. Et a elle et a son cōseil exposerent les afaires du roy quil auoit a supporter pour les anglois qui en france grant guerre faisoiēt et appareil den pl⁹ faire en luy monstrāt que du roy pouoit auoir peu de secours et que asses auoit a faire a son fait et a son pays garder. et finablemēt tant parlerent q̄ sur les debatz de la duchie cheurent leurs parolles. et lors la duchesse leur dōna pleine puissance de traictier auec le conte de mōtfort son oncle. Et en ce faisant iurerēt larceuesque de rains et le mareschal par deuāt la duchesse sur les sainctes euangiles q̄ en nul acord quilz fissent pour elle ne se delaisseroit la duchie de bretaigne aicoys demoureroit perpetuellement a elle et a ses enfans. Sur la consience de larceuesque et du mareschal la duchesse bailla lectres du pouoir quelle leur donnoit et briefment sen alerent par deuers le cōte de mōtfort qui en bretaigne estoit acompaigne de grant nombre danglois qui auec luy estoient.

Au conte de mōtfort en la presence de son cōseil monstrerēt les ābassadeurs les afaires du roy. Et apres les fais de la duchesse. Et daultre part cōtre les drois de la duchesse monstra le cōte de mōtfort ses raisons. Et sur ces debatz assemblerēt plusieurs iournees les ambassadeurs et le cōte qui moult les honnora et leur fit de tresgrans dons. Tant fut la question demenee q̄ finablement les ambassadeurs receurent le conte en la duchie en lobeissance du roy. Et accorderent sur le debat de la duchesse en ceste maniere Cestassauoir que ou nom de la duchesse et par vertu du pouoir par elle donne aux ambassadeurs delaisserent au conte de montfort la duchie de bretaigne et du tout ilz renoncerēt. Non obstant le serment que fait auoyent Sauf toutesuoyes q̃ se le cõte nauoit hoirs masles en ses tours peres de son corps en loyal mariage la duchie si retourneroit a laine filz de la duchesse iehãne ou austre prochai hoir masle delle sans ce que la duchie escheut en branche feminine Et porteroit le nom de duchesse toute sa vie et parmy ce cesseroit et demoureroit a la duchesse iehãne les cõtez et les terres de poitieure et de gresle auec la vicõte de limoges. Et en oultre icelles terres seroit tenu le conte de montfort bailler et deliurer a la duchesse xii. mille liures en la duchie de bretaigne par assiete de cheualiers preudommes et loyaulx dedes troys moys ap̃s q̃ la duchie luy seroit rendue a ses fraiz coustz et missiõs soiẽt les cõtes deliurees des mais des anglois a iehã et a guy de bretaigne ẽfãs dudit charles de bloys et de la duchesse sa fẽme lesquelz pour la ranson que deuoit feu duc charles leur pere de la roche darien estoyent en hostaiges en angleterre. Et diceulx accordz baillerent larceuesque et le mareschal bonnes lectres tant pour le roy cõme pour la duchesse au conte qui les accords promist tenir et aussi ses lectres en bailla.

Les accords furent enuoyez a la duchesse qui grant dueil en demena. Et en brief temps vindrent en france larceuesque et le mareschal qui au roy racompterent les traictiez que fait auoyent dont fort luy despleust. Et dillec en auant eut en eulx moins de fiance. Et de bretaigne partit le conte qui en grãt arroy vit a paris par deuers le roy Et de la duchie luy presenta hommage. Toutesuoyes pource que en ses lectres auoit promis tenir le roy ce quilz accordoient Il voult les accords tenir et les receut et a la priere de ses amis luy pardonna toutes ses offenses.

Et dillec en auant Jura et promist destre bon et loyal francois mais guieres ne demoura quil se pariura Et pou tit la duchie a celle foiz. Car pour ses mesfaiz en fut mis hors et chasse par ses barons si comme lystoire racompte ca en auant.

Quant le duc danjou frere du roy sceut le traictie en luy neust q̃ courroucier. car la fille du duc charles et de la duchesse auoit

espousee. En bretaigne vouloit
mener guerre le duc danjou pour
les droits de la duchie chalengier
Mais celluy deffendit le roy son
frere q̄ sa loyaulte vouloit tenir.
Ainsi demoura la chose a celle
foys et mōlt doubta le duc de bre
taigne le duc dāiou pource q̄l sa
uoit biē et cognoissoit q̄ des pĩces
de frāce nauoit nul q̄ tāt greuer
le peust ne qui fust de telle cheuale
rie plein ne de tel hardement Et
mesmement que a luy estoit la
cheualerie de france plus obeis-
sant que a nul aultre. Et plus
estoit redoubte en frāce et en tou
tes terres q̄ nestoit le roy son fre-
re. Mais depuis ca en auāt ne
se ouserent trouuer en sa presen
ce leuesque ne le mareschal boci
quault.

Apres le traictie de bre
taigne furent deliurez
par ledit traictie le cō-
te daussevrre Bertrād et la che-
ualerie qui prinse auoit este en
la bataille daulroy. Et par de
uers le roy sen vindrent q̄ mōlt
les honnoura. Et en ce contem
ple deliura le roy de ses prison
niers le captal qui prins auoit
este en la bataille de cocherel.
Et luy quicta le roy sa ranson
et luy dōna terre. et si le retint
de son conseil car moult estoit
saige cheualier.

Apres la deliurāce du
captal de buz tint le
roy charles son parle
ment a vernon sur sayne et pour
auoir aduis sur la guerre q̄ luy
menoit le roy de nauarre Mais
a vernon vint ledit roy de nauar
re par deuant le roy charles soy
rendre a sa mercy du tout. Et
tant se soubmist en sa mercy q̄
le roy luy pardonna.

En guienne durant
ces faiz se tenoit le p̄n
ce de gales q̄ la duchie te
noit par le traictie fait ētre le roy
iehā de france et le roy edoard dā
gleterre. Et combien que par le
dit traictie paix eust este criee en
tre les roys et sur le sacre eust iu-
re le roy edoard deliurer a ses pro
pres fraiz dedens quarāte iours
apres ledit traictie tous les cha
steaulx villes et forteresses qui
par luy auoient estez et estoient
tenues en france hors viēne pon
thieu et beaumont le roy edoard
nen faisoit en riens son deuoir
Aincoys estoient en france gēs
de plusieurs contrees qui durāt
les guerres auoient tenu le par-
ty des anglois et encoures le

plus des villes et chasteaulx de france. et le royaulme mectoyent a destruction. Cestes gens se faisoient appeller les grās cōpaignies. et iceulx faisoit le roy edouard secretemēt tenir et le price sō filz et de iour en iour ne faisoyēt q̄ trouuer acheison de normādie tollir au roy charles.

POur les griefues paines et plaites q̄ de iour en iour venoient au roy charles des grādes destructiōs q̄ faisoiēt au peuple les grās cōpaignies q̄ par le royaulme de frāce boutoyēt feuz et aux poures coppoyēt les bras et creuoiēt les yeulx mānda le roy messire. b. et aultres de ses p̄nces pour auoir aduis sur la maniere de faire ceste gēt vuydier. la respōdit messire. b. Sire vray est q̄ le p̄nce de gales q̄ ores regne en plꝰ grāt orgueil q̄ ne fit ōcq̄s nabugodonosor q̄ trop pēse et ymagine nuyt et iour de trouuer voie par laq̄lle il voꝰ puisse normādie tollir et tant faire q̄ de luy tenez vostre terre que ia na uiendra se dieu plaist. bien scauez sire que de p̄messe que le roy edouard son pere et luy fissent au bon roy Jehan vostre pere que dieu pardoit ne luy en ōt riēs tenu. mais puez se sōt faulcemēt ce q̄ ānglois ōt biē acoustūe. tenez voꝰ seur q̄ par eulx sōt de par deca ceste gēt. et biē en fussēt partis sil leur eust pleu des piecā. et voꝰ de les vuider demāde cōseil aussi quilz sont fors et en grant nōbre. et a brief motz sire ie ne voꝰ conseille point en mō ēdroit les guerroyer car par ce point pourroiēt plꝰ grāt guerre ētretenir dōt trop porriez estre ēpechiez. mais sire si pour nostre foy essaucier voꝰ plaisoit faire vne armee pour aler sur sarrazins q̄ les royaulmes de grenade et de belle marine tiēnēt et de noꝰ sōt biē p̄chais il me sēble q̄ a ceste gēt de vostre auoir deuez dōner les faictes absoubdre du pape q̄ sur eulx a gecte sētēce biē pourroiēt lors laisser leurs forteresses et se hors de ce royaulme estoient vne fois ne pourroiēt iamais par leur puissāce ne du roy edouard ne de sō filz rassēbler ne recouurer les chasteaulx q̄lz tiēnēt. a ce cōseil se tit le roy et fut ordōne que pour traictier aueq̄s les grans cōpaignies messire. b. ira deuers eulx. et q̄ pour aler sur les sarrazins se faisoit vne grāt armee q̄ le roy mectoit sus dōt seroit chief et cōduiseur messire. b. de par le roy dōt il fut mōlt liez. et tātost le fist assauoir a toutes gens darmes par my le royaulme de france. et en brief tēps vīdrēt par deuers luy plusieurs cheualiers et escuiers q̄ le voiage desiroiēt mais retarde fut si comme oyr pourres

Cõmẽt. b. ala cõtre les sarrazins

Voir est q̃ messire. b. sappa
reilla pour aler cõtre sarra
zis mais au tẽps q̃l faisoit
faire sõ armee pour aler en grena
de cõtre sarrazis regnoit en espai
gne Pietre le roy filz dalphonce
roy despaigne q̇ puissãmẽt regna
en ses iours icelluy pietre eut espou
see blãche seur du duc de bourbon
et de la royne de frãce. celle royne
blãche despaigne fut mõlt vaillã
te dame et de saicte vie mais cõpte
nẽ tint le roy pietre q̇ pour la droit
aicois tenoit iuifues et sarrazines
ses concubines et de mauuaise cre
ance fut en la foy. et tãt se gouuer
na par iuifz et sarrazis q̃ par aul
cuns de son hostel et de plusieurs
de son pays fut prins en hayne et
mesmement de ses faiz le blasme
rent bien. Et prindrent henry son
frere conte de triteimart qui cheua
lier fut de grant emprinse preudõ
me et plein de grant vaillance et
de pietre estoit ainsne mais a pie
tre fut la coronne donnee comme
vous orres cy apres.

Alphõce le puissant roy
despaigne qui tãt valut
en ses iours et qui le roy
de grenade mist en seruage et luy
fit treu payer par an par le traic
tie qui entre luy et les grenadins
fut fait apres la bataille dargezil
le q̃ fit en grenade le roy alphõce
que sarrazins desconfit et print le
roy de belle marine et le roy de gre
nade y fut mort. Et au temps de
la bataille le pape qui lors regnoit
estoit en auignõ. Et a leure de sa
desconfiture en sa messe chantãt
vint aux cardinaulx et leur dit
la maniere de la descõfiture. et en
brief tẽps rescripuit le roy alphõ
ce audit pape et aux princes de la
xp̃iente sa ioyeuse victoire. Et
pour venir a ma matiere du tẽps
de sa ieunesse il fiença vne dame
de honneur qui de france estoit ex
traicte pleine de grant beaulte nõ
mee la riche dame despaigne Et
les fiensailles entre eulx durant
il engendra henry et trois filles. et
depuis la voult le roy espouser cõ
me raison estoit. Mais aulcuns
de ses prĩces luy desloerẽt et firẽt
q̃l se maria aultre part a vne da
me q̃l espousa de la q̃lle pietre hys
sit. Et pource fut henry nomme
bastard et moult sentreamerent
longuemẽt les freres iusq̃s a tãt
q̃ pietre prit mal a soy gouuerner
vng iour aduint que le roy pietre
et henry estoient en leur palais. et
a udit henry dit pietre que vne ieu
ne damoyselle fille dũg prince des
paigne qui son parent estoit luy
alast q̃rir pour en faire a sa voulẽ
te. De ceste chose fut hẽry mõlt cour
rouce et dit a pietre Mõseigneur
vous scaues q̃ apres ceulx qui de

monseigneur mō pere alphonce dōt dieu ait lame sont descēduz ceste damoiselle est nostre plus pchaine en lignaige et qui apꝭ vous deuroit heriter a la coronne Ceste responce print pietre a grant desdaing et dit a henry orguilleusemēt filz de putain si la damoiselle ne vas querre sachez que ie te courrouceray. adōc henry plein de grant destresse vit au pere de la damoyselle et luy compta toute la mauuaistie de pietre. Et humblemēt dit a henry. Sire ie suis vostre poure parent et biē voy q̄ a la puissance de pietre ne puis resister. Mais si amoy ayder vous plaist sachez q̄ vous seres roy despaigne car plꝰ y auez droit et raison q̄ pietre le desloyal. Adonc luy demanda henry quil vouloit quil fit auq̄l il dit. sire ie vous prie q̄ ma fille q̄ la plus gentil est en espaigne voꝰ prenes en mariage. Et tous hōmes auec les aultres barons de la terre nous alierōs auec voꝰ Et saichez que se pietre vous est contraire nous serons en vostre aide. Et se dauenture pietre voꝰ vouloit courir sus a present noꝰ retrairons bien seurement en arragon et dillec au pays de frāce Et sur ce que tout vous diray ie fus atollecte au temps de mō enfance et souuent repairoye auec vng maistre qui des choses aduenir racontoit plus vrayement que nul qui fust en vie ne oncques ne fut trouue mensongier Saiches sire que maites tournees Jay ouy au maistre racompter que vous mourries roy despaigne. Et apres voꝰ regneroit vostre lignee. de ces nouuelles se print hēry a esiouir. Et guieres ne demoura que la damoiselle espousa puis sen retourna a burgues par deuers le roy son frere pietre Et luy dit q̄ la damoyselle auoit espousee. Adōc voult pietre sō frere occire mais hastiuement sen fouyt en arragon. Adonc fit pietre saisir sa terre et de son royaulme le bannit Et en arragō demoura longuemēt henry auecques le roy qui le blanc chastel luy dōna puis vit en france et pour le roy charles sarma en ses guerres.

Apres ce que pietre eust son frere banny il regna en grāt orgueil. Et en lā de lincarnatiō mil. ccclxiiii. Il enuoya ambassadeurs par deuers le roy darragō lu signifier que de la coronne despaigne et en dependence estoit tenu le royaul me daragon et celluy de maillorgrie et luy faisoit commandement que au .l.x. iour il fut au palais royal de burgues pour les hommaiges diceulx royaulmes darragon et de maillorgrie faire audit roy pietre. Et biē sceut q̄ si en deffault en estoit il entreroit en sa terre en brief temps Pour ces nouuelles fut le roy darragō en grant esmay mais semblent nen fit aincoys debonnairement receut les ābassadeurs et leur dit q̄ se pietre guerreoit a nul prince diuant quil yroit a son secours Mais quant a lommaige il ne trouuoit point en son cōseil que de son royaulme eussent oncq̄s fait ses p̄decesseurs aux roys despaigne hōmage et quāt endroit soy toute aultre chose estoit prest de faire pour pietre le roy son hōneur gardāt et sās la seignourie de sa coronne abaissant.

Du roy darragō se partirent les ābassadeurs et par deuers le roy pietre leur seigneur retournerent a burgues auquel ilz raconterēt la responce laquelle pietre print en grand desdaing et briefment enuoya sa deffiāce au roy darragō q̄ en la cite de barcelōne estoit.

Grans gens assembla pietre et en arragon entra en grant effort en ardant et exillant le pays et tant fit que a luy se rendirent plusieurs villes et chasteaulx iusques aux mons de catheloigne.

Quāt pietre approcha les montaignes qui darragon encloyent ne habitees nauoyent este tant fit grāt assemblee de peuple que les mōs et roches fit trāchier pour auoir passaige.

En lost de pietre auoit vng iuif auq̄l il creoit plus q̄ en homme du monde qui fut en vie et le chief de son conseil estoit. icelluy iuif vne fille auoit qui moult belle estoit Et de iour en iour ymaginoit voye trouuer que pietre la p̄nt a fēme. Si aduint que vne tournee le iuif dit au roy. Sire merueilles est de vous que fēme auez et nen auez point denfans et iamais nulz naura. Et vir est q̄ se vous trespasses de ce siecle le royaulme viēdra es mains de hēry le bastard q̄ vostre ennemy mortel est. pource sire pietre vous cōseille q̄ vo⁹ facies vostre fēme mourir. Et en vostre royaulme en prenes vne aultre qui puisse porter lignee. a ce saccorda le roy et biē hastiuement enuoya vng

de ses sergēs darmes au chastel
ou la royne estoit qui tātost quāt
elle le vit elle mua sa couleur cō
me celle qui sa mort scauoit. Et
bien hūblemēt luy dit. Beaulx
amis bien scay q̄ du comman-
dement de monseigneur es cy ve-
nu pour moy deliurer de ce mōde
Mais ie te pry que en la cha-
pelle ceans auant ma mort me
laissez aourer mō createur pour
luy demander pardon de mes pe
chiez et ie prieray dieu pour toy
puis fais de moy a ton plaisir
puis que ma voulu mōseigneur
mettre entre tes mains. Rude
ment luy respondit le sergent vo
stre oroyson pouez biē abregier
sil vous plaist car icy ne puis Je
longuement seiourner.

HAstiuement sen entra
la royne blanche en sa
chappelle pour faire
ses oroysons. Et se mist deuote
ment a nudz genoulz disant mō
createur treshumblemēt ie te cry
mercy de tous meffaiz que te fis
oncques. Et en haulte voix mōlt
daultres belles parolles piteuses
dit la dicte dame que ledit sergēt
ouyt et depuis les relata et tāt lō
guement y demoura que audit
sergent moult ennuya et dit. da
me ycy ne pouez plus estre mais
ailleurs vous conuiēt venir puis
amena la royne en sa chābre qui
de grāt douleur estoit pleine. Et
en celle douleur se laissa cheoir
sur son coissin.

ASprement vint le sergēt
darmes qui vng cois-
sin print et sur le visai
ge de la dame le mist. et tātost en
pou de heure fit q̄ la dame estai
gnit et fina de ce siecle. Pour la
q̄lle nostreseigneur pour lamour
delle fit de iour en iour moult de
miracles et au pays despaigne
la reputent pour saincte et deuo
temēt y va le cōmun peuple et de
biē grās seigneurs pour la saic
te royne blāche adourer.

LE second iour ap̄s q̄
le roy pietre eust enuoie
son sergent darmes la
royne occire Il māda le iuif q̄ ce
cōseil luy auoit dōne. iay mal ou
ure de ma fēme faire ainsi occire
et murtrir qui de la plus noble
lignee du mōde est extraicte. Et
toute ma vie lay veue de bōne vi
e et moult suis en doubte q̄ mal
ne men viēgne. Une fois estoie
en grenade et deuant fis amener
vne femme de grant eage qui des
choses aduenir scauoit parler
trop certainement de mon afai
re luy enquis. Et apres ce q̄l-
le meut bien auise elle me dit

q̃ riens elle ne me descouureroit mais moy q̃ mōlt desiroie de mō estre scauoir la priay tant quen la fin me dit. Sire encores se ra le temps que du lignaige du-ne saincte femme laq̃lle piteuse mēt et sans achoisō feras mou rir et murtrir. Si en auēdra q̃ le royaulme en perdras et en la fin fineras piteusement. de ces parolles me recorde souuētesfois Et en ma pensee disoie. Pour ce que souuent me trouuay triste et doulent de ma femme ie Tueil que hastiuemēt soient enuoyees mes lectres a mon sergent par lesquelles ie luy escrips que ma femme il noccie point. Aces pa rolles sen partit Vng cheualier de lost du roy pietre. Et tāt ala par ses iournees q̃ a deux lieues pres du chastel ou la royne fut occise encōtra le sergēt darmes q̃ le meurtre auoit fait et les lectres du roy pietre luy bailla. Quant le sergēt Vit ce q̃ le roy pietre luy mādoit esbay fut. et par deuers le roy ne sen osa aler aīcois sen fouyt en Seuille la grāt dont ne estoit. iusq̃s au chastel ala le cheualier qui la royne cuydoit de liurer de mort la trouua Vne da me de grant eage qui la royne a uoit seruie et de sa mort plouroit cy tendrement et tout le peuple dentour que piteuse chose estoit a Veoir Ainsi fut la pouure royne occise et en poure estat enterree.

Et aduint que en por-tant la royne en terre accoururēt les poures que en la Ville elle soustenoit qui grant dueil demenoient disans. Las ou nous est le soustenemēt de noz poures Vies deffailly Et luy baisoyent les piez La auoit Vng aueugle et deux ladres qui tantost que la royne eurent bai see es piez furēt garis par la Vou lente nostre seigneur. de ces mira cles fut tātost nouuelles par tout le pais despaigne. Et de toutes pars se faisoyent les malades apporter a la sepulture et dillec retournoyent en sante.

Du chastel partit le cheualier qui tant er-ra quil tourna en lost de pietre auq̃l il raconta loccisiō de la royne. Et comme son ser-gēt darmes sen estoit fouy en exi-lle. Et cōment enterree auoit este pouurement et aussi le grāt dueil q̃ le peuple en demenoit. A-pres luy compta le miracle des troys hōmes q̃ luy Vindrēt bai-sier les piez quant on la portoit en terre et cōme sante recouure-rent tous trois. Et comme plu sieurs gens accouroyent a sa se

pukture pour sante recouurer et
la grant plainte que lon faisoit
delle. Quãt pierre le roy ouyt ces
nouuelles il cheit pasme. Et au
releuer cõmẽca tel dueil amener
que reconforter on ne le pouoit
Et en son grant dueil disoit ha
blanche royne saincte et extraic
te de la saincte et plus haulte li-
gnee qui au monde soit et par
qui estoye tant honnoure que di-
gne nestoie point de telle fẽme a
uoir. Las doulent comme mau
uaisement et piteusement vous
ay fait murtrir. Et dieu cõme
ce qui me fut dit en grenade me
aduient et aduiendra. sy cõmen
ca tantost merueilleux dueil de
tous pour la royne qui de petis et
de grãs estoit aimee En ce grãt
dueil fit pierre le Juif saisir q̃ ce
conseil luy auoit dõne de la roy
ne faire occire.

A U tẽps que pierre guer
roya arragõ cõqueroit
de iour en iour plusieurs
villes et chasteaulx et destruyoit
le pays en plusieurs lieux assem
bla messire. B. grãt cheualerie
pour grenade et belle marine cõ
querre et roy sen vouloit faire co-
ronner. Et estoit son intencion
que de grenade entreroit en chip
pres pour le bõ roy secourir qui
satalie auoit cõq̃s car le souldã
auoit conquis et occis. Et de
nouuel auoit prinse et cõquise la
cite dalexandrie. Et de iour en
iour conqueroit terre sur sarra-
zins en tenant le chemĩ vers Jhe
rusalem car le roy sen faisoit nõ
mer. Et illec sur le sainct sepul
cre de nostre seigneur se pensoit
faire coronner. Mais duremẽt
luy fut fortune dure et contraire
Car de nuyt et appenseemẽt en
son lit fut occis par son frere dõt
grant dueil fut demene par to⁹
les royaulmes xp̃iens. Car de
sa grant cheualerie fut renõme
Et auoit tãt sarrazins greuez
que en son viuãt fut tenu le pl⁹
vaillant roy xp̃ien q̃ pour lors
en vie fust. Et en ce contemple
de loccision de la royne blanche
despaigne vint nouuelles en frã
ce laquelle estoit seur du duc de
bourbon et de la royne de france
qui grant dueil en demenerent.
et mesmement le noble roy char
les de france en fut moult dolẽt

P Our les grans compai
gnies mectre hors de frã
ce se partit de paris mes
sire. B. Et a saufconduit alla de
uers les capitaines qui pres de
chalõ sur sone se tenoiẽt diceulx
capitaines se tenoit messire hu.
et de courtelay et plusieurs aul
tres capitaines messire Jehã de-

ureux messire mathieu de gour-
nay et aultres dãgleterre iusq̃s
au nõbre de.xx v.qui de la venue
de messeigneurs furent mõlt liez
et grãdemẽt le hõnorarẽt et ap̃s
ce q̃ lõguemẽt se furent esbatuz
ensemble voult messire.b. traic
tier avecques eulx en leur affai-
re et en ceste maniere leur dit.sei
gneurs a vous menvoye le roy
charles q̃ pour nostre loy exaul
cier sur sarrazis veult faire vne
armee. Et en chippres pour le
bon roy secourir vouloit son ar-
mee adresser. Mais mort est le
bon roy piteusement par son fre
re qui occis la.dont fut grãt dõ
maige a toute xp̃iente.et moult
en est le roy de france doulent et
daultre part sont venus de parde
ca nouvelles qui moult sont des
plaisans cest de dame blanche de
bourbon seur de la royne de frã-
ce et de monseigneur de bourbon
laquelle avoit a femme pietre le
roy despaigne q̃ murtrir la faic-
te sans achoison pour ceste chose
est le roy conseille de adresser son
armee droit en grenade sur sar-
razins et dillec pourra lon descẽ
dre en chippres et bien peut estre
que parmy espaigne passera lar
mee pour le roy pietre grever qui
de mauvaise creance est.de Juifz
et sarrazins est toute sa fiance

et tout son royaulme gouverne
de ceste armee a pleu au roy de me
donner la charge qui de tel hon-
neur ne suis pas digne.et a vo⁹
qui de chevalerie estes tant renõ
mez comme chascun scet ie ma
dresse. En vous suppliant que
pour nostre foy exaulcier et mai
tenir vous plaise estre de larmee
mes freres et compaignons que
certes a mon advis bien devons
a present faire service a dieu et le
servir. Considere comme avõs
noz vies vsees iusques cy Car
vous scavez que en france sont
les guerres affinees ou tant de
maulx avons faiz que pires sõ
mes que larrõs car les guerres
durans avec ce que au peuple a
vons peu tollir nous avons fem
mes ravies occis hommes bou
te feuz en villes et en esglises et
lesdictes esglises desrompues et
violees. Par moy mesmes le
puis scavoir q̃ de maulx ay tãt
faiz et fait faire. Et bien vous
en povez nommer mes compai
gnons et vous en venter.

Vous scavez seigneurs
que loyaulx ne avez
de prince du peuple ain
si grever et de iour en iour mectre
a destruction sans loyal tiltre.
Pour noz ames sauver ne pou

nons trouuer mieulx q̃ les ēne-
mis de la foy greuer et guerroier
Saichez seigneurs se a com
paignō me voulez prēdre et croi
re me voulez ie vous feray tous
riches et acquerir honneur et biē
vous diray la voye. sur les parol
les de messire. b. se mirent a con
seil les capitaines a part. puis
appellerent messire bertrand et
de par les capitaines parla mes
sire hue de corrrelay et dit. b. beau
frere et cōpaignō pour la loiaul
te et vaillance de vous qui estes
auiourduy miroir de cheualerie
de vous suis et vueil estre auec-
ques vous en tous cas prest et
tous mes compaignons Et si
vous respondz de par tous les
compaignons que de par vo' re
querons que vostre compaignō
darmes vo' me vueillez retenir
de ceste respōce mercya messire. b
les capitaines biē hūblemēt et
mōlt se humilia enuers eulx qui
mōlt le hōnourerēt et sur tous se
mist courelay en pouoir de plus
le hōnourer. et illecques sacōpai
gnerent messire. b. et luy freres
darmes et to' les aultres capi
taines āglois q̃ cōtre to' le pmi
rent seruir excepte cōtre le roy e-
douard et son filz le prīce de gales
et tāt fit messire. b. q̃ les capitai
nes soubz la fiāce de sa loyaulte
seulemēt vindrent a paris sau
sauf cōduit deuers le roy q̃ pour
lonneur de messire. b. les receut a
grant ioye. au chastel du temple
fit le roy les capitaines logier
mais par sa cheualerie les fit se
stoier. La traicta messire. b. q̃ a
iceulx capitaines dōna le roy. ii.
mille florins et delivrerēt les cha
steaulx quilz tenoiēt. Et de la se
misdrent auec messire. b. q̃ bien
tost se trouua a grans gēs assē-
blez En lassamblee furēt le cō-
te de la marche messire. B. du
guesclin chief de la cōpaignie. le
mareschal dētrehā le sire de beau
ieu le begue de villēnes messire
oliuier de manny et ses deux fre
res messire hue de courelay messi
re iehā deureux messire robert le
cot cheualier āglois messire gui
laume boitel et plusieurs aul
tres cheualiers et escuiers fran-
cois et anglois et aultres de plu
sieurs nacions et cōtrees et leur
chemī tindrēt droit en auignon
Tant cheuaucherēt q̃ deuāt aui-
gnon vindrent et a ville neufue
se logerēt auqlz enuoya le pape
vrban. v. vng cardinal sçauoir
q̃ faire vouloyent. a ville neufue
vint le cardinal et par le mares
chal dātrehā q̃ preudons estoit
saige et biē parlāt fut dit. sire a
nostre sainct pere sadressēt mes-

sire hue de courelay le vert cheua
lier secot iehā deureux guillau-
me huet et aultres de ceste gēt q̄
en france ont guerroye et les es-
glises et femmes violees boute
feu et fait occision et pilleries
dont na guieres par la voulente
du roy de france geeta le pape sē
tence sur eulx. Et toutes offen
ses pardōnees leur a le roy et sōt
cy venꝰ a la compaignie de mes-
sire.B.du guesclin et du conte de
la marche qui ceste armee cōdui
sent en grenade sur sarrazins
pour la p̄sente exaulcier. Et
par cy ōt pris leur passaige pour
leur absolucion obtenir pource
de par eulx vous dis leur con-
fession et requeste si pourres cecy
dire au pape Et en oultre de par
toute larmee vous dires que cō-
me pour nostreseigneur seruir et
exaulceir sa foy le tresor de lesgli
se aye este aucunement ordonne
estre ēploie en telz vsaiges com
me ceste dont au plaisir nostre
seigneur grāt bien sen ensuiura
Nostre saict pere auecq̄s son ab
solutiō de peine et de coulpe enuo
ye cy du tresor de lesglise.ii.mille
florins. Ceste responce rappor-
ta le cardinal au sainct pere qui
des fenestres de son palais regar
doit les varles courir sur leurs
cheuaulx qui le pays forragoiēt
et pilloient deuāt auignon. dieux
bien se trauaillent dit le pape ce
ste gent pour enfer acq̄rre Puis
dit au cardinal quant la respon
ce eut oye. Merueille est de ceste
gent qui absolucion et argent de
mādēt et on a acoustume quāt
on prent absolucion de deniers
donner. Adoc manda le pape
ceulx dauignō qui moytie de la
composicion promirent paier et
sur eulx lassirēt puis fut largēt
apporte auec absolucion a mes-
sire. B. au quel fut rapporte q̄
de ceste assiete se complaignoiēt
ceulx dauignon dont il luy des-
pleust et māda le preuost et puis
luy dit. Amis vous dires au pa
pe que de lesglise et non du peu-
ple doit cest argent venir et les de
niers qui sont venus du peuple
et qui deulx ont este receuz vueil
estre restituez. Et bien luy dires
que dicy ne partirons Jusques
ace que de lesglise ayons este
paiez. Quant le pape vit que
aultrement ne pouoit estre Il en
uoya largent du sien et a ceulx
dauignon fut largēt rendu dōt
moult prierent pour messire ber-
trand.

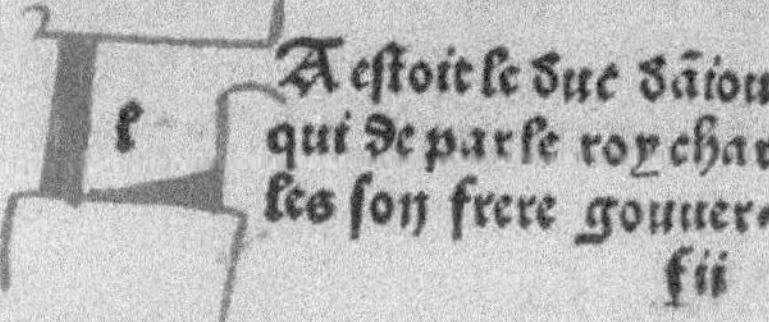

a estoit le duc dāiou
qui de par le roy char
les son frere gouuer-

noit le pais de languedoc. Et en appart parla a messire. B. en ceste maniere. B. beau amis vous scauez la desloyaulte du roy pietre despaigne q̃ sa fẽme a fait murtrir. et son frere bannir hors de son royaulme par sa cruaulte Et par raisõ doit estre hẽry roy Vray est que en arragon est pietre qui le royaulme guerroye et au secours du roy est henry en arragon. Adresses vostre chemi et vostre armee contre pietre qui contre nous a voulu terre conq̃re. Et nostre cousine blanche de bourbon a fait mourir vilainement Moult honnoura le duc la cheualerie puis prindrent cõgie et entrerẽt en leur chemin.

Cõmẽt le roy darragon receut. B. a parpignan et sa compaignie.

Tant cheuaucha Bertrand atout ses ostz que darragon approucha. a parpignã fut le roy darragon q̃ secours demandoit de toutes pars pour aler contre pietre q̃ par le royaulme cheuauchoit en ardant et exillant le pays et

prenoit villes et chasteaulx. de
la venue de bertrand fut moult
esiouy le roy darragon. Et en-
uoya au deuant de luy pour le ha
ster. au chastel blanc estoit henry
le conte despaigne sa femme et
ses enfans et grant compaignie
despaignoux tantost quil sceut
la venue de bertrand de son cha
stel se partit et deuers luy vint et
moult le honnoura. Et luy mõ
stra les desloyaultes de son frere
pietre le roy qui si mal regnoit
et qui de sa terre sestoit saisi et
banny lauoit. mõlt doulcemẽt
mõstra a bertrand et a la cheua
lerie ausqlz ses faiz doulcement
dit et ausquelz grãt pitie en print
Et bien dirent que a luy aparte
noit le royaulme despaigne et
mõlt le reconforterent. Tãt par
lerent ensemble henri et la cheua
lerie que entre eulx fut faicte vne
aliance et entreprindrent le roy
pietre guerroier et conquerir le ro
yaulme au nom de henry q̃ mõlt
hũblement les mercya et en son
chastel les mena ou mõlt hõnou
rablement furẽt receuz de la da
me. Au partir du chastel blãc
cheuaulcherẽt au chastel de parpi
gnan ou fut le roy qui pour leur
venue tit court planiere et mõlt
les honnoura puis fit son con-
seil assembler auec la cheualerie

Et parla le roy darragon en ce
ste maniere qui de tout fut voulẽ
tiers ouy et escoute. seigneurs
dit le roy iay entendu que pour
aler en grenade estes cy venuz
pour sarrazins guerroyer Je vo⁹
iure que pres de vous auez les en
nemis de la foy et belle terre a cõ
querre se faire le voulez et il na
en ce monde plus mescreant que
pietre qui a sa femme murtrie
si villainement qui du sainct et
hault lignaige de france estoit
descendue et qui estoit de si sainc
te vie. vous veez aussi comme il
a chassie henry et banny de son
pays et sa terre tollue q̃ par rai-
son deuroit estre roy comme pre-
mier filz du roy alphonce et ses
troys seurs fit mectre deuant les
leons pour les deuourer qui doul
cemẽt se coucherent auec elles et
les lecherent. Par iuifz et sarra
zins se gouuerne entierement pie
tre et tous princes veult mectre
en son seruaige. Et certes cõtre
si tres desloyal prince deuries vous
biẽ mener guerre. Bien vueil q̃
saichiez que si contre luy voulez
guerre mener et maintenir cõtre
luy mon pouoir vous feray et
du tout vous feray secours de
gẽs darmes et de cheuaulx. Ap
pertement respondit bertrand.
Sire nous auons ouy racon-

ter toute la geste des enfans al-
phonce. Et bien scauõs certai-
nemẽt que le roy despaigne dont
estre henry si sachiez sire roy que
iamais en noz contrees ne re-
tournerons iusques a tant que
henry soit corõne. Et du mur
trier desloyal q̃ du sang de bour-
bon a fait telle occision et si vil
lainement en soit prinse van-
gẽce. Et en briefz iours ẽtrerõs
au pays despaigne pour le pays
conquerre. Ceste emprinse iura
rent le cõte de la marche nepueu
de la royne blanche despaigne le
mareschal dantrehan et toute
la cheualerie qui auec messire. b
furent dont le roy darragon fut
moult esiouy et plus que deuant
les honnoura. Et guieres ne de
moura que bertrãd print de luy
congie. Et son chemin adressa
parmi arragõ en alãt droit en es
paigne. pour la venue de bertrãd
sẽ partit biẽ hastiuement pietre
darragõ et en la cite de burgues
se retrahyt luy et ses ostz. et brief
mẽt fit les chasteaulx garnir.

T
Antost que pietre fut
a burgues il manda
le iuif deuant soy qui
conseille luy auoit la mort de la
royne sa femme. Et luy dit que
ses dens luy failloyt recouurer
chascune de Cent mille florins
ou se non il les feroit toutes arra
chier. La rancon accorda le Ju
if qui moult fut riche mais en
grant pourete chait. ¶ Quant
pietre sceut quil eut tout la che-
uance du iuif il luy fit traire ses
yeulx et a tenailles de fer ardant
luy fit la langue coupper et
puis escarteler le fit et puis pen
dre. Apres lexecucion du iuif
vint pierre visiter la sepulture
de la royne moult piteusement.
Et mõlt noblemẽt et richemẽt
aporter en la sepulture des roys.

E
N ce contemple che-
uaucha tant bertrand
atout ses ostz que des-
paigne approucha. Et par le
conseil de henry adressa ses ostz
b. deuant montguillon ou ville
et chastel a mõlt fors sur lentree
du royaulme et illec en la terre
chalengant print henriy nom de
roy. Et la ville assiega. lẽdemai
fit la ville et chastel de tel effort
assaillir que prins furent en pou
deure. plusieurs riches Juifz fit
emprisonner bertrãd pour leurs
richesses auoir et dedens mont
guillon seiourna bertrand par
deux iours entiers au tiers iour
vindrẽt a burgues ou chastel et
forte ville eust bien seans. Asp̃
mẽt fit le chastel assaillir et cou
rageusemẽt se deffendirẽt ceulx

qui dedens estoiẽt. Mais en la
fin se rendirent a henry et a ber-
trand. Et la furẽt occis tous les
iuifz et sarrazins q̇ dedens esto-
yẽt En burgues seiournerẽt hẽ
ry et.b. et la chevalerie et prĩdrẽt
leur chemĩ a brevesq̃ ou ville for
te et biẽ seãt estoit et close de dou
ble muraille.et si avoit a vng des
boutz vng fort chastel pour la vil
le assaillir ordõna messͬ.b.q̃ hue
de courelay et la chevalerie ãglesse
dung couste assaudroient. Et le
roy hẽry et les espaignoulx daul
tre part et les francoys daultre
part.la commenca lassault fort
et merveilleux et daultre part
grandement se deffendirẽt ceulx
de brevesq̃ et advĩt q̃ lassault du
rãt dit.b.aux frãcoys que dedẽs
brevesque estoient anglois entrez
et ilz nestoyent ẽcores descenduz
aux fossez. Quant ces motz en
tendirent francois en eulx neust
q̃ courrousser et biẽ creurent mes
sire.b. Adonc efforcerẽt lassault
et de tel vertu q̃ dedẽs brevesq̃ en
trerent iusq̃s au millieu de la vil
le avãt q̃ anglois fussent au pie
des murs. Ainsi fut prinse bre
vesque ou mõlt de richesse avoit
Et tous les iuifz et sarrazins q̇
dedens estoiẽt fit.b. occire mais
xp̃iens furent receuz a mercy.
Quant ceulx du chastel virent
que la ville estoit prinse ilz rendi
rent le chastel a.b.et leurs corps
et chevances a sa mercy lesquelz
il receut moult debonnairemẽt
et le chastel fit bien garnir. de la
prinse de brevesque sceut bien pie
tre nouvelles qui en burgues fut
Et devant luy manda les bour
gois de la ville et leur dit que en
tre les bourgois de toulette esto
yent advenus de bien grãs dis
cors pour lesquelz aler luy cõve
noit et reqs len avoiẽt par leurs
lectres. Bien se apparceurent
ceulx de burgues que pour doub
te des francois se vouloit pietre
retraire.la parla vng bourgois
a pietre moult haultemẽt qui de
tous fut bien ouy. Et dit en ce
ste maniere. Sire roy a grant
perdicion et en grãt douleur mec
tez vostre royaulme et voz sub-
getz q̇ scavez la puissãce des frã
cois q̃ hẽri et.b.doivẽt cy amener
pour la ville assieger.et sans pa
stour sire vous plaist laisser vostre
ville de burgues q̇ est vostre ville
royalle et le chief de vostre royaul
me.biẽ scet on q̃ depuis charles
mainsne le grãt roy puissãt qui
tat valut et q̇ apͦs la mort rolãt
et les aultres pers de frãce q̇ occis
furẽt en la desconfiture de roche
vaulx coronna le roy despaigne
dedens burgues ains depuis ne

furent coronnez roys despaigne ailleurs. pour dieu sire q̄ ne nous laissiez aisi Car seulemēt pour vostre presēte vng de nous vauldra mieulx q̄ dix q̄ si aultre voꝰ estiez Sur ses parolles songea le roy pietre puis dit aux bourgois. Amis besoig est que nous soyons briefment a toulette. Et bien sommes asseurez de nostre ville de burgues qui bien est garnie de bonnes gens pour francois courroucier. et daultre part a toulette ferons telle assemblee que si dedens nostre regne henry et bertrand font long seiour noꝰ les combatrons. Ainsi departit pietre de burgues et sen ala a toulette ou biē fut receu. Le partement de pietre sceut bertrand qui par devers le roy henry et le conte de la marche vint et leur dit q̄ plus ny avoit de larrester fors q̄ daler appertemēt devāt burgues dōt pietre sē estoit fouy Lendemain bien matin partirent de brevesque henry le conte dela marche et Bertrād le mareschal dantrehan et tous les aultres capitaines francoys et anglois. Pource tant chevaucherent atout leurs hostz q̄ burgues apparceurent. En grant esmay furent ceulx de burgues pour la venue des francois pour ce sassemblerent les bourgois. Et pardevant levesque sen alerent requerir conseil lequel evesque parla aux bourgois en ceste maniere. Mes enfans voir est que ie suis vostre spirituel pere Et a vous conseiller selon mon sens suis ie tenu le faire loyaulment. Bien scay que a la riche dame qui dame fut de grāt vallance le roy alphonce qui sa fiencee estoit il engendra hēry qui cy vient pour nous assiegier puis par la cruaulte daulcuns barōs la laissa et en print vne aultre et vrayement puis que le roy si avoit sa foy baillee a la riche dame et a elle avoit eu atouchemēt rien ne pouoit deffaire le mariage et en mariage loyal fut engendre henry par ceste voye. et bien scet on q̄ en laultre dame il engēdra pietre q̄ ores regne q̄ par les raisons que voꝰ ay cōptees deust estre bastard mieulx que henry qui de droit deust regner.

¶ Cōment ceulx de burgues apporterent le clefz a messire bertrand du guesclin.

Vous scauez mes en
fans comme pietre est
mescreãt en dieu et cõ
me mauuaisement a fait mur
trir sa fẽme qui du hault et saict
lignaige de frãce estoit et la meil
leur qui fust en vie et plus saicte
dame et bien y appert. car pour
elle nostre seigneur fait miracles
tresevidens. A briefz motz Je
conseilleroye que hẽry nostre sei
gneur et doit estre nous receuõs
Et mesmemẽt voyez cõme pie
tre vous a cy laissez Et sur tout
scaues assez comme il est hay de
tous par le royaulme car oncq̃s
ne maitit iustice ne de luy ne pou
ons auoir secours. Et biẽ pou
ez scauoir que pour lamour de
la bõne royne iamais guerre ne
nous fauldra pour son hault li
gnaige tãt comme pietre soit vi
uãt Et par son lignaige nous
est ceste guerre suruenue. Si en
pouez faire ce q̃ dieu vo⁹ en don
ra en voulente et en conseil. Au
cõseil de leuesq̃ se tindrent to⁹ les
bourgois mais le cõtredirẽt les
iuifz. adõc la ville sarma et les
iuifz et sarrazis occirẽt. ap̃s loc
cisiõ des iuifz leuesq̃ et les bour-
gois de burgues vestuz to⁹ de liuree
deuant eulx faisoient porter. viii.
lãces en chascune desq̃lles lances

estoiēt pendues vne des clefz des viii. portes de burgues rancōtrerent hēry le cōte de la marche et messire. b. et la cheualerie q̄ descēdirēt cōtre la croix et reuerēmēt apporterēt ceulx de burgues les clefz de la ville a hēry q̄ debōnairemēt les receut. et a lētree de la cite iura les maintenir en leurs frāchises et libertez tout aīsi q̄ fit en sōt ēps le bō roy oliuier filz du roy leō despaigne. aīsi ētrerēt dedens burgues henry le roy despaigne le cōte de la marche messire. b. et la cheualerie q̄ hōnorablemēt y furent receuz.

¶ Cōment le roy henry fu corōne roy despaigne.

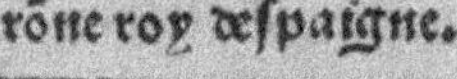

A Ce tēps estoit la fēme hēry en arragō au chastel blāc pres de lentree despaigne pour tousiours ouyr nouuelles de son seigneur. a vng soir dit. b. a henry en la presence du conte de la marche du sire de beauieu du mareschal dantrehan et de toute la cheualerie sire dedēs burgues estes la mercy nostre seigneur et la cheualerie q̄ cy est tousiours vo' auoye pmis q̄ roy despaigne corōner vo' feroie

Et biẽ auez le lieu a p̄sẽt sil vo⁹
plaist car de dẽs burgues ou estes
ont este et sõt tousiours les rois
despaigne couronnes et daultre
part de iour en iour se rendent a
vous villes et chasteaux tellemẽt
que dieu mercy la pl⁹ grant par
tie est au iourduy a vostre cõmã
dement et obeissãce. Et au plai
sir nostreseigneur aures brief-
mẽt le surplus a vostre cõmande
ment. Pource et pour ma pro
messe acquiter vous vueil req̃
rir que corõner vous faciez vo⁹
et madame vostre fẽme qui biẽ
y doit auoir partie. deuant tous
parla le conte de la marche q̃ pl⁹
noble hõs fut et de soy estoit che
ualier appert et de grãt hardemẽt
et dit a hẽry. Sire loyaulmẽt
vous cõseille. b. Si loueroye q̃
la dame mãdissiez. a ce saccorda
hẽry q̃ sa fẽme manda et vint a
grant arroy. Et de burgues hi s
sirent pour aler alencõtre delle
Le conte de la marche messire
b. le sire de beaulieu le mareschal
dantrehã huet de la houssoye thi
bault du põt Et plusieurs aul
tres qui bien estoyẽt nombres a
mille cheualiers de renõ et a deux
lieues rẽcõtrerẽt la royne q̃ tãtost
cõme elle les vit fut mõlt esiouie
et a laprochier senclina mõlt vers
eulx et mõlt les hõnoura et mer
cya hũblemẽt. Et deuant tous
dit a. b. amis et frere biẽ puis di
re q̃ de vous est la coronne despai
gne tenue. A lentree de burgues
descẽdit la royne pour aler a pie
iusques en lesglise nostre dame
q̃ est la maistresse esglise La des
cendirẽt le cõte de la marche et le
mareschal dantrehan q̃ par les
mains menarẽt la royne a lesgli
se et dillec en son palais ou grãt
feste fut tenue Lendemain fut
toute la ville tẽdue et le dimẽche
ensuiuãt. En lã mille. ccclxv. 1365.
furent sacrez et coronnez henry
roy despaigne et sa femme q̃ da-
me estoit de grant vaillance. la
eust feste grande et merueilleuse
Et nobles ioustes y furent faic
tes. Apres le sacre donna henry
a. B. la duchie de moulins et sõ
royaulme luy abandonna et au
begue de villennes donna la con
te de ribedea.

Commẽt le roy depuis
son coronnement ala
deuãt toulette et auãt
sõ partemẽt tit vng estroit cõseil
ou furẽt le cõte de a marche. b. le
begue de villẽnes messire oliuier
de manny le mareschal dãtrehã
le sire de beaulieu et aulcuns aul-
tres sans ce quon q̃s ãglois y fus
sẽt appellez car on ne se fioit poit
trop en eulx pour la desloyaulte

qui tousiours est en ãglois trou
uee. La requist le roy henry con-
seil de ses guerres acheuer et affi
ner et le demourãt du royaulme
conquerre. Par la voulente du
roy henry parla premier. b. et dit
Seigneurs vray est que atollec
te est pietre ou cite a moult grant
force puissante et riche et bien de
saiges hommes q de pietre voul
droient bien estre deliures et se-
cours na pietre de nulle part. si
loueroye q tost et briefment fust
la cite assiegee en esperance que
au roy henry soit rendue et se del
lec ne se part prins soit. car bien
verront briefment les bourgois
que le siege ne pourroient longue
ment endurer. ne cõtre vostre che
ualerie contreter. a ce saccorderẽt
tous. Et le lendemain partit le
roy et toute la cheualerie pour a
ler deuant tolecte.

De ce sceut tãtost nou
uelles pietre par ses
espies adonc en regre
tant la royne sa fẽme dist mau-
uaisement me conseilla le Juif
tresdesloyal par quoy la bonne
royne de saicte vie fiz si villaine
ment murtrir car par mon mes
fait suis bien en voye par son
grant lignaige estre destruit. Et
certes nul nest qui plaindre men
doye. en la presence du roy pietre
auoit a celle heure plusieurs iuifz
Et pietre qui de grant douleur
fut adõcques espris osta a vng
sien sergent darmes sa masse et
en frappa vng iuif tellement ql
lesceruella et loccist. Et hastiue
mẽt sen fuyrẽt les aultres iuifz
Et depuis a celle heure ne voult
pietre nulz iuifz tenir enuirõ luy
aincois en fit plusieurs mourir
pour auoir conseil sur la venue
de henry et de. b. mãda pietre ses
princes et barons a tolette. La
fut vng clerc qui des choses ad
uenir scauoit parler si ẽtieremẽt
que nul plus et dit a pietre Si
re vray est q par legle aux deux
testes qui de france en espaigne
doit venir deues estre tout desheri-
te Jay ouy racompter que. b. qui
henry cõduit porte telles armes
pour quoy ie tiens que ce soit cel
luy aigle aux deux testes. Mais
vray est sire que par le premier
faon des trois liepars sera vostre
terre recouuree et legle emprisõ
nee. Et vostre frere henry sen yra
fuiãt par deuers les grãs lyõs de
frãce car filz chãpiõ au chief dot
qui au tẽps de sa vie fut prison-
nier dudit faon et lors sera henri
fuytif sans terre. Mais quant
de vo sera party et vostre vie na
manderes legle q de prison sera
gecte hors si retournera et vostera

en vostre terre acompaignie de plusieurs oyseaux de sa partie par quoy vous et vostre terre perdrez. Quāt pietre entendit que ores devoit sa terre recouurer il se reconforta et dit que se une foys recouuroit sa terre iamais ne la perdroit. La print cōclusion pietre que assiegier ne se laisseroit point. Et lendemain partit de tolecte, et a cardonne se retrahit.

De la venue de henry et de bertrās au plat pais la nouvelle en fut tantost sceue et par especial enuirō tolecte. et de six lieuez entour se retrahirent tous a tolecte dont lost des frācoys eust grāt souffraicte de vivres. Quant ber. sceut q̄les vivres abaissoiēt il fit les ostz haster pour la ville assieger. Adonc sassemblerent les bourgois auec leur euesque pour eulx cōseiller. Et fut leur conclusion et conseil q̄ a henry et bertrand se rendroiēt. et par lordonnāce de leuesque et bourgois se partit de tolecte ung bourgois q̄ deuant le roy vint et humblement le salua de par leuesque et bourgois de tolecte et dist de par eulx. sire a vo⁹ se rēt ta cite de tolecte et le pais dentour q̄ hūblemēt vous requierēt que demain y vueillez entrer et de vostre grace leur liberte iurer tenir maitenir et garder. si leur octroya henry. par le conseil de bertrās entra henry le lendemain a tolecte luy et toute sa cheualerie. la fut receu noblemēt et des bourgois receut les feaultez.

De la prinse de tolecte sceut pietre briefmēt dont en luy nauoit que courroucier. adōc partit de cardōne et sen ala a ciuile la grāt qui est la meilleure ville despaigne et illec fut biē receu des bourgois. et biē scauoit le roy hēry q̄ a cardōne estoit pietre retrait. mais rapporte luy fut dedens tolecte que a ciuile sen aloit. et tantost vint a bertrand cōpter ces nouuelles. Pource conseilla bertrand a henry que tātost fussent menez de tolecte a cardonne. et pource le roy henry ber. le conte de la marche le begue de villennes oliuier de māgny huet de corrclay et la cheualerie q̄ la estoiēt tindrent leur chemin droit a cardōne. entre cardonne et tolecte si est une forest qui. xv. lieuez a de large et bien cent de lōg ne en tout le chemin na ville ne herberge. mais est habitee dours liepars lions et de tresmauuaises serpens moult diuerses et mõst daultres bestes sauuaiges y a. de ce se esmerueil lerent mõlt les gens de lost et le plus qlz pouuoiẽt ẽsemble se ti drẽt. et pour sept iours y furent viures portez. dedens la forest entrerẽt frãcois et ãglois et le plus fort qlz pouuoiẽt se guer royent des bestes sauuaiges. mais ne peurẽt guettier q la ne perdissent plus de trois cẽs hõ mes dõt les vngz furẽt deuorez et les aultres moururent pour le venin des bestes. tãt cheuauche rẽt q de la forest hissirẽt et cardõ ne apparceurẽt. au deuant du roy hẽry vindrẽt a lissue de la fo rest leuesque de cardonne le cler gie et les bourgois en pcessiõ et la ville rẽdirẽt au roy hẽry. En laqlle il ẽtra et en leurs libertez les promist tenir et moult y fut chascũ honoure. A cardõne vi drẽt deuers le roy hẽry plusieurs cheualiers et bourgois des cites et villes despaigne q leurs cites et villes mirẽt en obeissãce dõt il receut en la p̃sence de bertrãd et plusieurs aultres les hõmai ges et feaultez.

Rapporte fut a pietre q en ciuile estoit cõme cardonne les villes et chasteaulx dentour estoient es mains du roy henry qui les hõ maiges auoit receuz, et moult merueille ux dueil encõmẽca a demener et en son grãt dueil di soit. ha ha. b. par ta grãt prouesse a laqlle nul ne se cõpare au iourduy voy biẽ q de mon royau me fay desherite. Et ap̃s son dueil manda ses princes pour soy cõseiller. par ladvis de son cõseil enuoya pietre a hẽry deux cheualiers et vng clerc en loys en ãbassade a cardonne. Et de par pietre le roy saluerẽt le roy hẽry. b. et toute la cheualerie. et en ceste maniere parlerẽt. Sire seigneurs no⁹ enuoye pietre roy despaigne qui par mal cõseil a mal ouure au tẽps passe dont sur luy auez prise grãde vẽgẽce. Biẽ vouldroit sa vie amen der et mectre le peuple de sõ roy aulme en trãqlite de paix q par son meffait a souffert maites durtes. se a vo⁹ et a mõseigneur hẽry plaisoit q le royaulme fut parti et q le nom de roy ne por tast poit pietre et que la guerre cessast voulẽtiers sacorderoit. et pour. b. et a la cheualerie satis faire paier vng million de dou bles mais q le pais leur pleust laissier et iurer q iamais ne le guerroyeroiẽt. sur ces offres se misdrẽt a conseil le roy hẽry. b. le conte de la marche et les aul tres dessus nõmes. La fut or dõne par la voulente du conte

de la marche q̄ premier parle-
roient āglois q̄ pour eulx firēt
parler huet de courelay q̄ en la
p̄sence de to⁹ les chevaliers par
la et dit. sire grās offres vous
fait pietre qui la moitie de son
royaulme vous offre prendre.
et oultre daultre part pour les
estrangiers payer vous offre
grāt fināce dont il vo⁹ doit bien
souffire. et tāt q̄l touche les an-
glois en moy baillāt la moitie
du milliō q̄ pietre offre. Sire
pour eulx ie me charge les met
tre hors de ce royaulme sans ia
mais luy mener guerre se le roy
edoard ou le prince son ainsne
filz ne le guerroyēt en leur nom
aux parolles des āglois sacor-
derent robert canole. gaultier
huet. robert scot et les aultres
capitaines anglois qui largent
vouloissent auoir et ilz fussēt en
leurs pais. Apres parla messi-
re iehan de bourbon conte de la
marche et au roy henry dit. sire
pour lamour de la royne blāche
ma belle hāte vengier q̄ par pie
tre le desloyal a este murtrie sās
achoison ie suis venu en ces par
ties par lordonnāce de monsei-
gneur charles de france et non
point pour le royaulme cōquer
re car nul droit ie ny actēs. bien
scaiches sire se a luy traictier
voules contredit ie ny meetz.

mais iusques a ce que de luy le
hault lignaige de france ait eu
vēgēce despaigne ie ne partiray
Et biē scaichx pietre q̄ se tenir
ie le puis mourir ie le feray cō-
me tresfaulx murtrier desloyal
et mescreāt a dieu. Et sur to⁹
suis esmerueille que de traictier
sur ces offres luy tenez parol-
les q̄ bien deussiez cōsiderer que
sa pensee nest que pour trouuer
traictie enuers vo⁹ pour lequel
nous puissons yssir de sa terre.
mais dieu scet ce que en sa pen
see il vous garde. car bien vueil
que vous scaichez que se du roy
aulme estoions partis iamais
ne cesseroit de vo⁹ guerroyer et
a destruction vous mectroit. et
toutesuoyes ce que bon vous en
semblera en faictes. la fut le si
re de beauieu q̄ haultement dit
deuāt tous q̄ se tous departoiēt
si demourrōt le cōte de la mar-
che et luy pour pietre guerroyer
et du tout destruire. Et puis
parla. b. au roy et dit. Sire
au departemēt de frāce me com
māda le roy que de la mort ma
dame la royne blāche fut prise
vēgence sur pietre le desloyal a
uāt mon retour. et mesmemēt
pour auoir iuste tiltre de ceste
guerre mener a pardeca ēuoye
le conte qui nepueu est de la da
me et moy en sa compaignie.

Biẽ peut estre se de pietre peut
estre prinse vengence le roy ma
chargie de adresser sõ armee sur
sarrazis. mais biẽ vueil q̃ voꝰ
scachez quen place ne seray ou
pietre soit receu en accord ne des
paigne ne partiray iusq̃s il soit
tout desherite. et vne fois le fe-
ray mourir quoy q̃l demeure.
La destruction iurerẽt de pietre
tous dung accord le conte de la
marche. b. le sire de beauieu. le
mareschal dãtrehã le begue de
villẽnes. oliuier de mãny et toꝰ
les cheualiers de frãce q̃ la furẽt
dõt anglois furẽt mõlt espouẽ
tes et esbays de la responce que
fait auoiẽt. et doulẽs furẽt aus
si de la finãce q̃ biẽ apparceurẽt
q̃ point nauroiẽt. mais sẽblant
nẽ firẽt. Adõcques adressa au
roy henry ses parolles le conte
de la marche et dit. sire se en mõ
obeissance estoit toute espaigne
sie voꝰ vouldroye suir par tout
et en especial vous iure q̃ tout
mon temps voꝰ seruiray en la
poursuite de ceste vẽgẽce. adõc
ques furẽt les parolles finees.
puis mãda le roy henry vng de
ses cõseilliers qui aux ambas
sadeurs de pietre dit ce qui sen
suyt. Seigneurs a pietre di
res q̃ ẽuers le roy hẽry le cõte de
la marche. le sire de beauieu. ne
les cheualiers q̃. b. a cy amenez
paix naura tãt que du tout soit
desherite. et la vie perdra et que
bien a deseruy comme traictre et
desloyal murtrier et mescreant
en dieu q̃ a fait mourir sans oc
casion la noble dame blanche
de bourbon. Ceste responce rap
porterent les ambassadeurs a
pietre en son palais a ciuile qui
moult grãt dueil en eust en son
cueur. Pource manda les bour
gois de ciuile et en leur mõstrãt
grãt signe damour leur dit. sei
gneurs pour bataille iurer au
bastard hẽry qui pour la puis-
sance des frãcoys me cõtralye
mõlt fort vueil aller au roy fa-
gon de portingal q̃ mon parent
est querir secours. et se icy vien-
nẽt hẽry et les frãcoys, loyaulx
vous pẽ que me soyez. si luy ac
corderẽt les bourgoys. Et ap̃s
leur requist pietre q̃ oultre ciui-
le le voulsissent cõuoyer iusques
au nombre de vingt telz com-
me il les nommera. debonnaire
ment luy accorderent. et de ciui
le se partit pietre le roy.

TAnt voyaga pietre q̃
a lile bonne arriua ou
estoit le roy de portin-
gal pource q̃ sa maistre cite fut
Et pour la venue de pietre fit
le roy de portingal grant appa
reil et mõlt le honnoura. au roy
de portingal requist pietre se-

cours. mais le roy de portingal q petit royaulme a se excusa et debonairemet offrit a pietre do ner terre en so pais et estat mais de guerre mener ne se voult entremectre. Quat pietre apparceut q tout luy estoit failly brief uemet se partit de lisle bone. et tout desespere print son chemin droit a nauarre. mais atat laisse lystoire a parler de pietre et de son partemet q bien sera remetu quat temps sera pour la chevalerie de france racompter.

Lystoire dit que du partemet de pietre q de ciuile se partit le roy hery sceut tantost nouuelles q les ostz et la cheualerie conduysoit celle part pour la ville assieger. Longuemet furent au siege le roy hery. b. du guesclin. le conte de la marche et la cheualerie de frace et dagleterre q la cite tindret si a destroit q enuiro trois moys aps leur venue leur fut rendue. Et aduint q durat le siege ceulx de ciuile firent vne saillie sur lost. la eust vng fier assault et merueilleux. Et en celle saillie fut prins le sergent darmes q la royne auoit murtrie. Et tantost fut amene au roy hery. leql il cogneust tatost car aultres fois lauoit souuet veu. a leure ql fut amene au roy henry estoit psent le conte de la marche qui estoit venu veoir le roy henry. et tost sceut le cote q cestoit le serget darmes qui la royne auoit murtrie qui au roy henry le demada q tatost le luy bailla. Quat le conte tint le serget murtrier tantost et diligenmet enqst de loccision de la royne lequel incontinet confessa le fait. Et dehors lost le fit le cote pedre. dot blasme fut daulcus cheualiers doneur q maintindret q pour obeir a son prince qui commade luy auoit et reffuser ne leust ose il nauoit pas mort deserute.

Apres que ciuile fut au roy rendue et les richesses q au palais estoiet telles que neuf moys auenir en paya et de tout le teps quilz lauoient seruy par auant lequel tresor fut trouue en lespargne es tresors des roys despaigne illec au roy hery se rediront villes et chasteaulx deuiron. et en pou de temps tout le regne fut en son obeissance. et en telle maniere fut le roy pietre chassie de son pais et du tout desherite. apres la prinse de ciuile ou les cheualiers de frace furent honnoures par le roy henry parla. b.

qui en grenade voult aler et re
quist au roy henry et a la cheua
lerie secours. mais tant furent
desirās le conte de la marche et
le sire de beauieu deulx en aler
et retourner en leur pais q̄ au
voyage ne voulurēt entendre. ne
eulx accorder dy aler. aincois
prindrēt congie du roy henry et
en france retournerēt dōt grāt
dueil en demena bertrand et re-
tourner ne sen voult en france
pource q̄ ēcores doubtoit le fait
de henry que quelque part fut a
le pietre querir secours. Tant
pria bertrand a la cheualerie q̄
encores auec luy demourerēt et
villes et chasteaulx leur fit de-
partir par le roy henry pour
leurs estaz maintenir.

Avec le roy de nauarre
se tint pietre le roy vne
saison et nestoit en es-
paigne qui nouuelles en sceut
Et tant fit le roy de nauarre q̄
pietre le roy luy donna par let
tres selees la ville et chastel du
groing qui a lentree despaigne
est. Dillec se partit pietre pour
aler en guienne deuers le prin-
ce querir secours. Et auec soy
mena pietre vne fille bastarde
quil auoit et tout son tresor qui
mōlt fut grāt et tāt ala par ses
iournees que a angolesme vint
ou ce tint le prince en grāt estat
et auec la princesse sa femme.

Dedens le chastel dan
golesme vint pietre
pour le price de galles
honnourer. lequel pour la ve-
nue de pietre yssit de sa chambre
et mist son chapperō sur son es-
paule pource q̄ dit ne fust q̄ cō-
tre luy ne daignast son chappe
ron oster. a lissir de la chambre
du prince ou tāt auoit dorgueil
sentrecontrerent luy et pietre le
roy qui son chapperon osta cō-
tre le prince et enuers luy se hu
milia mōlt. par vne main prit
le prince pietre et en sa cham-
bre le mena. la mōstra pietre cō
me chasse de sō royaulme estoit
et humblement luy requist se-
cours en luy pmectāt de paier
tous ceulx qui en son aide vien
droiēt et de luy et de ses hoirs tiē
droit sō royaulme. En ce point
fit pietre apporter vne table dor
et les tresteaux q̄ en son tresor
estoiēt et mōlt estoit la table de
grans richesses aournee tāt dor
que de pierres precieuses. au pn
ce presenta lla table qui mōlt la
prisa. pour auoir conseil sur la
requeste de pietre sestira le prince
a bourdeaulx. La traicta tant
auec pietre q̄ son royaulme ac-
corda. et la coronne a messire ie
han dangleterre son frere duc
de naclastre apres sa mort en

telle maniere que sa fille bastarde ql auoit amenee prendroit a femme le duc de lanclastre. Et a ses fratz seroient demourans le duc et sa femme et du prince et de ses hoirs seroit le royaulme tenu et au prince en feroit le roy pietre hômaige.

POur ces aliãces iura le prince au roy pietre faire secours. Et dedês bourdeaulx fit a sô frere espouser la fille de pietre. A celle feste tint le prince grant court planiere. et maintient on q̃ au tẽps de lors on ne vit feste plus plãtureuse tenir. a laqlle estoiẽt tous les grãs seigneurs de guiẽne. et vng iour apres mãda le prince tous les seigneurs et grãs barons de guienne qui en vne sale vindrẽt par deuers luy. Et aux seigneurs et barons de guienne parla le prince en maniere de predication.

Commẽt le prince de galles tint grãt court a bourdeaulx et comment il prescha a tous les nobles de sa court.

SEigneurs qui tous estes nobles et de nobles lignees yssus. et par consequent estes tenuz tous nobles soustenir pour le grãt desir que iay de nobles ayder et garder a mõ pouuoir vueil faire vng secours q̃ biẽ est raisonnable leq̃l sans aide de vous q̃ mes hommes estes ie ne pourroye faire. Vray est q̃ par la puissance du roy de frãce et le prĩce .b. du guesclin pietre le roy despaigne est de son regne desherite et chassie hors par hẽry son frere bastard q̃ couróne en est nouuellement par la puissãce de .b. biẽ scay que pietre est lung des vaillãs prince de chrestiẽte. mais resister na peu cõtre la puissãce de frãce. et se ainsy a ce bastard la chose demouroit tous aultres bastars exẽple y prẽdroient et les drois hoirs desheriteroiẽt. et moy q̃ promis ay a pietre de luy faire secours vueil scauoir de vꝰ se a cecy me serez aidãs. la fut le cõte darmignac q̃ le plus grãt seigneur de guiẽne fut et pour toꝰ respõdit et dit. sire sur cecy noꝰ cõseillerõs sil vous plaist. et demain vous en respondrons.

Au cõseil et pour faire responce au prĩce se retrairent les barons de guienne et en lostel du cõte darmignac allerẽt pour leur cõseil tenir. Et p̃mierement parla le conte darmignac et dit. Seigneurs auãt q̃ du cõseil parlõs sil vous plaist de ce q̃ au conseil sera dit riẽs nẽ sera rapporte. A ce sacorderẽt toꝰ les barõs et iurerẽt. et apres les sermens cõmẽca le cõte darmignac et dit. biẽ auez ouy seigneurs ce que le prĩce vꝰ reqert. Et biẽ macorde q̃ a bel et a tel nõbre de gẽs q̃ assẽbler pourrõs soyõs auec luy en ceste guerre. car cõme duc de guiẽne il est nostre sire. et depuis q̃l le fut ne noꝰ requist de riens q̃ a p̃sẽt. et mõlt suis toutesuoyes esmerueille de luy q̃ la desloyaulte de pietre ne cógnoit q̃ biẽ scet loccision q̃l a fait de ma dame blãche de bourbõ sa fẽme q̃ seur de la royne dangleterre sa mere fut. pourquoy deust estre en voulente q̃ sil ny eust aultre de son lignaige q̃ luy si en deust il auoir vẽgẽce prise sur pietre. mais il fait biẽ le cõtraire quãt secours luy veult dõner. et sur tout que biẽ scet le prĩce q̃ a henry appartient la couronne despaigne. et moymesme le scay. car premier fut filz au roy alphonce despaigne. car au temps des fiensailles de luy et de la riche dame hẽry fut ne et au fort a hõme de foy nappartient poĩt a disputer des drois et tiltre q̃ sõ sire doit auoir quãt guerroyer veult ais le doit seruir quãt il le requiert et doit pẽser q̃ son sire cest loyaulmẽt cõseille. Pourcequãt a moy conseille q̃ auecq̃s luy allons. Et esprouuer en ceste armee daultre chose le pourrõs et si apparteurõs si nostre prĩce prẽdra en gre. Pource le dy q̃ desia a mõstre que pou no9 ayme, car plus grãt cõpte fait dũg varlet anglois q̃l ne fait du plus grant barõ de guienne. Au conseil du cõte sacorderent les barõs q̃ au prĩce retournerent et luy dirent par la bouche du conte darmignac. sire en mõ endroit vo9 seruiray vostre voyage durãt a. v. cens hõmes darmes le conte de perregort a .iii. cẽs. le cõte de mõtalesu. le conte de asterat. le sire de partenay. le sire de pons. et le sire de neussidẽt chascũ a cẽt cõbatans. Auecq̃s les barons ne fut poit le captal pource que de lestroit conseil du prince estoit De ces offres mercya le prĩce les barõs. et en ãgleterre ẽuoya querir secours au roy son pere q̃ le conte de pannebroch luy enuoya atout mille hommes darmes et mille archiers paiez pour demy an tous prestz pour passaige auoir. Premier a nauarre enuoya le prĩce ses ambassadeurs par deuers le roy de nauarre q̃ au prince se allia pour le roy henry greuer.

Deux cheualiers enuoya le prĩce deuers le roy hẽry le deffier et a messire hue de courrelay rescript unes lectres q̃ il venist a luy. et tous les ãglois et guiẽnois qui du roy hẽry prindrẽt cõgie et entieremẽt les satisfia. et a courrelay dit et aux aultres capitaines q̃ la furent seigneurs seruy mauez dõt moult vo9 mercie. et par deuers le prince de galles alez q̃ guerre me veult mener. biẽ vous pouuez a mon aduis deuers luy excuser destre auecq̃s luy et moy guerroyer cõbiẽ que ses hõmes estes de foy. car hõme de foy nest poit tenu de soy armer en pais estrange sil ne luy plaist si nest cõtre celluy q̃ son heritaige luy auroit tollu ou vouldroit tollir. Oncq̃s au prĩce ne messis riẽ. bien est vray q̃ se vng seigneur en pais estrãge maine guerre a vng aultre seigneur qui en guerre est tenu des gẽs du pais dicelluy qui a dõc le guerroye. quant leur seigneur cõmẽce la guerre contre celluy q̃lz ont seruy laisser le doiuent ne pour luy ne se doiuent armer contre celluy quilz ont serui. au roy henry respondit courrelay et dit. Sire pour vous ferons nostre hõneur sauf ce q̃ pourrons. Apres ces parolles dit le roy hery aux ãglois. seigneurs mes hommes estes des chasteaulx q̄ dõne vꝰ ay pour ce vꝰ prie q̄ en hissant de mon pais ne me dõmagez aulcunement. car vous scauez q̄ loyaulmẽt vꝰ ay payez. Et daultre part se vꝰ aues intẽcion de vꝰ armer cõtre moy q̄ en acquitãt voz loyaultez me rendes cy appart mes villes et chasteaulx q̄ dõne vꝰ ay q̄ endõmaigez nen puissẽt estre ne vꝰ blasmez. ceste chose asseurerẽt ãglois et iurerẽt q̄ briefuemẽt sen pariurerẽt car quãt sur lissue despaigne furẽt ilz pillerent. roberent. rãsonnerẽt et bruslerẽt. et violerẽt fẽmes et firẽt moult de durtes au peuple. dõt tost ouyt hẽry nouuelles q̄ a. b. dit. ha beaulx amis courrelay et ses compaignõs mõt dõne vng tour danglois q̄ oncq̄s loyaulte ne tindrẽt. aisi se partirẽt ãglois despaigne q̄ oncq̄s au roy hẽry ne rẽdirent villes ne chasteaulx. mais les garnirẽt de gens qui moult le royaulme greuerẽt. et quãt dedẽs nauarre furẽt courrelay et les aultres retraitz mãderẽt au roy henry que ses chasteaulx et villes luy ĝctoiẽt. Adõcq̄s ẽuoya le roy henry de ses gens pour les villes et chasteaulx saisir. mais dedẽs furẽt ãglois traictres et desloyaulx q̄ mis y auoiẽt. et depuis q̄ vng hõs recoit en dõ ville ou chastel dung seigneur et aps il le veult guerroyer. il luy doit son fief tout rendre et sa foy ĝeter. xl. iours ais q̄ armer se puisse contre luy affin que garnir puisse sa ville ou chastel.

Tant cheuaucha le price de galles atout ses hostz et le roy pietre auecq̄s luy q̄ dedẽs nauarre furẽt dõt hẽry et. b. sceurent tost nouuelles et pour lentree despaigne garder du couste deuers nauarre ẽuoya hẽry messire oliuier de mãny auec trois cẽs lãces. En ce cõtẽple ẽuoya le roy charles de nauarre deffier le roy hẽry et deuãt le groig q̄ le roy pietre luy auoit donne par ces lettres tenoit siege. et durãt le siege manda le roy de nauarre les bourgois du groig lesq̄lz eurẽt cõseil q̄ au roy de nauarre se rẽdroient et lẽdemai luy ouurirẽt les portes. aisi prit le roy de nauarre le groig ou ville et chastel eust fort

Apres la prise du groig se partit le roy de nauarre a. iii. cẽs lances pour vng chastel prendre qui au roy henry se tenoit. Et de sa venue sceut messire oliuier de manny

nouuelles qui contre luy vit et
bataille luy liura. En celle ba-
taille fut le roy de nauarre pris
et desconfit par messire oliuier
de māny. mais tant se humilia
ledit roy enuers oliuier de man
ny que merueille fut a veoir et
mōlt hūblemēt luy requist que
aler le laissast sur sa foy ou aul
tremēt sō pais seroit destruit par
le prince et le roy pietre. q̄ en son
royaulme estoient en armes.

Tāt traicta le roy de nauarre a
messire oliuier de māny par bel
les parolles q̄ sur sa foy le lais-
sa aler parmy ce q̄ charles son
ainsne filz luy baillast en hosta
ges au groig se trait le roy de na
uarre. Et vng iour māda mes
sire oliuier de māny a saufcon-
duyt q̄ a luy alast soy douzies
me pour traictier a luy de sa rā
sō pat deuers luy alerēt messire
oliuier et ses freres dont il fut
mal cōseille car tātost cōme au
chastel fut on larresta et vint
vng nauarrois qui a luy mist la
main. quāt messire eustache de
manny vit son frere arreste ap
pertemēt vint ferir celluy qui a
luy auoit mis la main. Adonc
saillirēt nauarrois qui messire
eustache occirēt dont dommai
ge fut car bon cheualier estoit.

Ainsi fut messire oliuier de
manny retenu par le roy
de nauarre qui luy fit dire que
se dedēs p̄me ne luy rēdoit son
filz la teste luy feroit trancher et
aussi a ses freres. La deliurance
acorda messire oliuier de māny
au roy de nauarre parmy ce que
le roy luy p̄mist et fit sermēt q̄
en luy rēdant son filz que sans
fraude et sās barat le feroit me
ner a seurete luy et ses compai
gnōs et freres. Adonc enuoya
messire oliuier de māny q̄rir le
filz du roy et luy deliura et p̄sen
ta. et en ce faisant le roy le desli
ura ses freres et ses cōpaignōs.
mais deuāt fut messire eustache
enterre hōnourablemēt et a sō
seruice fut le roy de nauarre q̄ sē-
blāt den estre courroucie fit. Et
apres le seruice se departirēt mes
sire oliuier ses freres et cōpai-
gnōs. et guieres ne demoura q̄
messire oliuier entra au royaul
me de nauarre et le guerroya et
par tout boutoit feu et moult le
destruisoit. mais pource traicta
le roy de nauarre que de son roy
aulme yssist messire oliuier Et
pource fōda au groig vne cha
pelle sur la sepulture de messire
eustache a laquelle il fōda .iiii.
messes pour iour.

En ceste maniere yssit
messire oliuier de mā-
ny de nauarre et de-
dens espaigne entra

et par le pais ou deuoit passer
lost du prince fit ardoir les vi-
ures qui retraitz nestoiēt es bō-
nes villes. tant cheuaucherent
le prince et le roy pietre atout
leur host que le pais de ronchi-
uaulx et de nauarre passerent
par le cōsentemēt du roy de na-
uarre q̄ passaige leur liura et de-
dens le pais rencontra le prin-
ce hue de courelay q̄ grant ioye
luy fit. dedēs espaigne entra le
prīce et pietre q̄ le royaulme prī-
drēt a greuer moult asprem̄ēt.

Pour le prince comba-
tre manda le roy hen-
ry sa cheualerie et au
roy daragō pour secours auoir
qui le conte dayne luy enuoya
a ciq cens lances. Tant fit hen-
ry que en pou de temps assem-
bla grans gens pource manda
son cōseil pour auoir aduis sur
la maniere de son pais deffēdre
A ce conseil furent messire ber.
oliuier de many le begue de villē-
nes. le mareschal datrehā. Ti-
bault du pont le cōte dayne lad-
miral despaigne cheualier de re-
non et plusieurs aultres cheua-
liers par deuant lesquelz parla
messire. b. q̄ voulentiers fut ouy
et au roy henry dit. sire grāt che-
ualerie a le prince en sa cōpai-
gnie. et forte chose seroit que tāt
grāt compaignie peut estre lon-
guemēt ensēble a tāt de gēs. biē
scay q̄ plus grant nōbre de gēs
pouuez auoir. mais il a gens q̄
tousiours ont guerres suyuies
plus q̄ ceulx de ceste cōtree nul-
lemēt ne cōseilleroye le prince a
combatre. mais le passaige luy
peut on bien garder et tenir si a
destroit de viures q̄ espādre les
cōuiēdra pour aler en fourrage
pour viures recouurer. et no⁹ q̄
desia auons le pais apris trou-
uerōs bien sur eulx nostre auan-
taige. Et de fois a aultre pour-
rons sur eulx gaigner dont leur
host se pourroit abaisser et le prī-
ce descōfire sans tournee ne ba-
taille liurer combiē q̄ quant les
verrez affoiblir de cheualerie vo⁹
les pourres biē cōbatre. A ce cō-
seil sacorda la cheualerie q̄ a na-
dres vindrent pour le passaige
garder.

A Nadres enuoya vng
iour le prince en four-
raige messire guillau-
me feletō. de ce sceut tost nouuel-
les. b. q̄ feletō atout. v. cens lan-
ces danglois estoit ale en four-
raige. Et de lost du roy hēry se
partit. b. secretement et mena le
cōte dayne q̄ anglois rencōtre-
rent q̄ menoient prisonniers et
viures chargies sur muletz et

tout le pais auoiēt pille contre anglois sassemblerēt et le conte dayne et a terre emporterēt plusieurs. quāt ces choses vit feletō appertemēt descēdit a pie et en ordōnance mist ses gens pour bataille recevoir. adonc se mist. B. et le conte dayne a pie, et cōtre anglois sassēblerēt q̄ fierement se deffendirent. mais en la fin furēt anglois descōfis et les prisōniers et fourrages to9 recoustz. a ceste rēcontre fut occiz messire guillaume feletō q̄ piec a contre ber. auoit plaidoie au parlemēt du roy de france. de ceste desconfiture vindrent nouuelles au prince q̄ moult en fut doulent. et ses hostz fit cheuaucher tāt q̄ pres du pōt de nardre vīdrēt. et en la praierie q̄ sur la riuiere estoit fit ses trez et pauillons tēdre. et au roy hēry mādа bataille. pour soy cōseiller manda henry la cheualerie pour bataille liurer. Et premierement parla. B. qui a son pouoir descōseilla la bataille. la fut le conte dayne q̄ ieune cheualier fut et desirant darmes. En la p̄sence du roy hēry dit sire. B. en la cōpaignie du roy nestes q̄. vii. cheualiers et escuyers de frāce qui plus eurydes valoir q̄ tout lost du roy q̄ plus de gēs a q̄ le prince. bien vueil que vo9 seachez q̄ en bataille valent bien espaignouly frācois et sembleroit a la cheualerie despaigne q̄ si lōguemēt maītenes ces parolles q̄ paour eussiez. sur pie se leua ber. q̄ de paour ouyt soy accuser. et dit cōte dayne biē vueil q̄ vo9 seaichez q̄ se bataille y a cōtre le prince il y sera autāt nouuelles des frācois q̄ de vo9. les parolles deffēdit le roy hēry et tāt fut p̄ du cōte dayne et de la cheualerie despaigne et darragon q̄ la bataille luy louerēt q̄l accorda au prince. et au prīce le fit seauoir que luy et les anglois eurent grant ioye.

De toutes pars vīdrēt espaignolz au roy hēri q̄ ses batailles ordōna Biē estoiēt nōbrez espaignolz lx. mille hōmes dont henry fit deux batailles a cheual chascūe de vingt mille montez sur destriers armez pour les batailles du p̄ice rōpre. et les aultres vingt mille ordōna auec les batailles de pie. ēsemble se tindrēt les francoys auec eulx se tint le conte dayne darragon.

De laultre part fut le prīce de galles qui ses batailles ordōna en sa compaignie estoit le roy pietre le cõte de salebriqui ꝑmier mari fut de la princesse le duc de lãclastre le cõte darmignac le cõte pẽnebroh messire barat messire lucas dallebret le conte de perregort le cõte de mõtalẽ eu le sire de partenay le cõte dastarat le sire de mussidẽt le sire de lesparre le cõte de castillon et plusieurs grãs seigneurs dãgleterre et de la duchie de guiẽne. Et brief fut larmee du ꝑnce nombree a. xvii. mille hõmes darmes. vi. mille archiers et. xx. mille hões darmes armes q̃ plus estoient exercitez de guerre q̃ espaignolz

Le samedy veille de pasques partit le roy hẽri de la cite de nadres. Et la de la resurrectiõ nr̃eseigneur. m ccclxvi auec luy. B. du guesclin le cõte daine et les aultres dess⁹ nõmez biẽ furẽt les espaignolz et arragõnois nõbrez a plus de. lx. mille hõmes auec les frãcois q̃ estoient. vii. cẽs hõmes darmes. oultre la riuiere passerẽt les gẽs du roy hẽry Et tãtost approcherent les gẽs du prince q̃ ses archiers mist deuãt deuers les batailles de cheual du roy henry. la se deffendirẽt anglois asprement mais moult les greuerẽt espaignolz de leurs destriers Ap pertement cõmencerẽt archiers a traire et soubz les vẽtres des destriers se bouterẽt plusieurs anglois q̇ despees et de dagues occirẽt les destriers. et a assem-bler perdirẽt espaignolz. vii. de striers Et de stoc en y eust plusi eurs frappes q̇ au desfraier se prindrẽt et tellemẽt que espai-gnolz emporterent parmy les chãps. pou tindrẽt place les gẽs de cheual mais sen fouirẽt. quãt b. vit le desroy des espaignolz de cheual appertemẽt entra a tout les francois et arragõnois Auec luy le cõte dayne dedens les batailles du prince ou estoit le duc de lanclastre q̇ par fran-cois fut prins et sa bataille mi se a desconfiture Et tournerẽt anglois en fuyte. Quant le cap tal q̇ la secõde bataille cõduisoit vit anglois fouir appertement les escria et ralia. Et de lost se partit atout sa bataille et aux frãcois assẽbla deuãt to⁹ voulst le conte dayne auec ses cõpai-gnies entrer es batailles. et tãt fit q̄ la bataille du captal per-sa et a la bataille du prince assẽ bla. moult greua le cõte dayne anglois et contre luy fit le pri̇ce ses batailles assembler. La se deffendit le conte daine qui fut plein de grãt hardement. mais en la fin fut occiz et to⁹ ceulx q̇ auec luy estoiẽt. sur les elles des batailles du prince se tint mes sire ichã chandoz q̇ a la bataille de ladmiral despaigne assẽbla preudons fut ladmiral et cheua lier de grant renõ et contre an-glois se cõbatit vigoreusemẽt mais pou souffrirẽt lestour les espaignolz q̇ auec luy furẽt ain cois senfouyrẽt et fut ladmiral prins. Quant henri et. b. apper ceurẽt la faulte des espaignolz en eulx q̄ courroucer neust. et a tout sa bataille entra henry en la bataille et reculer fit anglois iusques a la bataille du prince Adonc frappa hẽry asprement es batailles du pri̇ce et anglois abatoit en son venir. et tant fit darmes de soy q̄ merueilles e-stoit de son biẽ faire. mais pou souffrirẽt espaignolz lestour et to⁹ sẽfouirẽt et de la bataille du prince sen retourna henri luy di siesme seulemẽt. Adoncques se retrahit es batailles des frã-cois q̇ cõtre le cõte de pambroh et le cõte de salbry maintenoit lestour. Quant. b. apperceust le roy henri a luy vint et luy dit. si re cõtre vo⁹ est le prince dõt ce-ste guerre finera dont le royaul me perdres et vo⁹ aussi se prins y estes. pource vous requiers q̄

dicy partez et a monseigneur
le duc danjou alez a resny.car
bien scay certainemẽt q̃ par luy
seres conforte et vrẽ terre recou
urerez.a ce ne se vouloit accor-
der henry. aincois frappa de-
dens anglois plus fort q̃ devãt
dont.b.si courut a luy. ha sire
par vrẽ fol hardemẽt voulez
destruire vo⁹ et vostre chevale
rie q̃ bien pouvez encores sau-
ver si vo⁹ plaist.ha sire si pri
sonnier estes ou est celluy qui de
vous delivrer se pennera. Cer
tes moult mesprenez q̃ ainsi
vous voulez destruire. Tant
parla.b.a henri q̃ de la bataille
se partit luy septiesme seulemẽt
demenant grant dueil. sur vne
place biẽ haulte pres dũg mur
se furẽt retraiz.b. le mareschal
dentrehan le begue de villennes
olivier de manny alain de beau
mont et la chevalerie de fran-
ce q̃ tant asprement se deffendi
rent que en leur bataille ne pou
voient anglois entrer ne pour
eulx assembler que environ.lx.
hõmes de front. et sur le front
de la bataille se tenoit tousiours
messire ber. le mareschal le be-
gue olivier de manny alain de
beaumont qui tant cõbatirent
que biẽ pres tout le lõg du iour
furent que oncques anglois ne
peurent en leur bataille entrer

et tãt en occirẽt que merveilles
fut dont le prince le sceut q̃ tou
tes ses batailles assembla et ses
bannieres desploia et cõtre ber.
vint et de grant vertu fit fran
cois assaillir. de grant deffence
furent francois et moult dan-
glois occirent mais en la fin fu
rent francois desconfiz. Quant
ber. apparceut la desconfiture
cõtre le mur se retrait et vne ha
che tenoit dõt tellemẽt se cõba
tit q̃ devãt luy avoit plusieurs
anglois occiz ne devant luy ne
stoit nul q̃ plus osast approu-
cher ains ne faisoient que iecter
dagues et espees encontre luy
les nouvelles furẽt rapportees
au prince q̃ moult desira veoir
ber. Adonc sadressa sa bataille
vers ber. qui tantost le cõgneut
et envers luy senclina a vng
genoil et dit. A vous monsei
gneur le prĩce de galles me rẽs
et non a aultre.car de pietre ne
seroye point prisõnier aincois
mourroye en moy deffendant
debonnairement receut le prin-
ce la foy de.b.et le bailla a gar-
der au captal de buz qui sur sa
foy luy fit iurer prison et que de
luy ne partiroit sans la voulen
te du prince Et la nuyt apres
la bataille finee se tindrent le
prince et pietre sur le chãp en si-
gne de victoire. et moult furẽt

soulens de henry qui eschappe leur estoit.

Pour le roy henri poursuir et prendre furẽt a cõseil le price pietre et plusieurs aultres ãgloiset gascõs Et rapporte fut que par arragon sen estoit ale henry au duc daniou qui languedoc gouuernoit de par le roy charles de frã ce son frere. A ce conseil fut le bourg de comminges. ce bourg estoit hardy cheualier et grant acointance en lenguedoc auoit Et mesmemẽt en tolosain dõt il estoit nez et traicterent a luy le prince et le roy pietre que henry promist poursuir et iura que se .xv. iours seiournoit en lenguedoc il le prendroit et a pietre le rendroit. pour ceste chose faire promist pietre payer au bourg de comminges .c. mille doubles dor Et pleges en furẽt le conte darmignac le sire dalebret le captal. et plusieurs barõs promirent tenir et bailler dedẽs .xv. iours ou il vouldroit apres sa queste se son fait poursuiuoit au cas que paye ne seroit cõtẽs Et a celle heure se partit de lost le bourg prenant son chemin par arragon.

Apres la bataille se rẽdirent au prince et au roy pietre ceulx de nadres et lendemain y entrerẽt. la furent apportees au prince les clefz de plusieurs villes et chasteaulx plus pour craĩte q̃ pour amour. Mais atant se taist a parler du p̃nce et de pietre listoire q̃ biẽ sera ramentue quãt tẽps et lieu sera et parle de henry qui par lordonnance de ber. estoit party.

En ceste partie dit listoyre q̃ apres ce q̃ le roy hẽry fut party oultre son gre de la bataille en demenant grãt dueil de .b. et de la cheualerie de frãce si luy souuint de la royne sa fẽme et de ses enfans q̃ en espaigne estoiẽt et pẽsa biẽ q̃ pour le pouuoir du prĩce la royne se rendroit biẽ tost pource enuoya hẽry a sa fẽme ung de ses cheualiers et la descõfiture luy fit scauoir dont grãt dueil demena la royne. auec elle estoit larceuesque de tolecte q̃ preudons estoit et saige et par son cõseil se retrait la royne et ses enfãs en arragon au chastel blanc.

Par le royaulme de nauarre passa le roy henry et sõ chemĩ y prĩt pource q̃ bien pẽsoit q̃ plus tost pour luy seroit par arragõ q̃ par nauarre q̃ cõtraire luy estoit et tãt ala par ses iournees et sans estre cõgneu ne destorne q̃ larri-

a toulouse et faillis luy estoient
ses deniers et ses cheuaulx las
cez au aillez. en lostel des balle
ces descẽdit le roy hẽry. et illec
auoit enuoye le bourg de cõmi
ges vne espie q̃ le roy hẽry bien
cõgneut mais semblant nẽ fist
Dedẽs toulouse estoit demou
rãt vng cheualier nõme messire
guillaume gaillart q̃ en espai
gne auoit este auec le cõte de la
marche et le roy hẽry auoit serui
q̃ de grãs biẽs luy auoit fait. et
en lostel du cheualier se fit le roy
hẽri mener a celle heure estoit as
sis messire guillaume gaillart
a disner auec sa fẽme. Quãt le
roy fut leãs entre tãtost le con
gneut le cheualier q̃ de la table
se leua cõtre luy et sagenoilla. le
roy leua messire gaillart et en
loreille luy dit q̃ de luy ne fit sem
blant affin q̃ congneu ne fut de
nul hõme. tãtost mena messire
gaillart le roy en vne chãbre et
demoura loste dehors q̃ a mer
ueilles fut esbahy, que son hoste
pouuoit estre deuenu tantost re
tourna messire gaillart q̃ a lo
ste dit. amis en vostre hostel a
lez et les gens de ce gentil hõme
amenes cy q̃ ceans disnerõt a
uec leur maistre. Apres sen re
tourna messire gaillart au roy
henry q̃ la descõfiture et la ba
taille de nadres luy cõpta dont
il fut moult dolent et debõnai

rement reconforta le roy henry.
Pour acõpaigner le roy henry
vint messire gaillart q̃rir sa fẽ
me. et merueilles estoit du grãt
honneur q̃ a hẽry portoit le che
ualier. messire gaillart dit a sa
fẽme dame a la chãbre voꝰ en a
les et le cheualier honnoures de
tout ce q̃ voꝰ pourres car biẽ en
est digne et saichez q̃ cest vng
des plus grãs seigneurs de ce
monde et est roy courõne. mais
gardes q̃ de reueler ne soyez si
hardye. saige fut la dame q̃ biẽ
la chose sela et dedẽs la chãbre
entra et puis quãt elle appar
ceut le roy hẽry le genoil mist a
terre cõtre luy. et leans vindrẽt
les cheualiers q̃ au roy estoiẽt q̃
biẽ tost cõgneurẽt messire gail
lart lequel a sõ pouuoir les hõ
noura. et apres disner parlerẽt
le roy et ses cheualiers et messi
re gaillart pour eulx cõseiller q̃
faire pourroiẽt. au roy respõdit
messire gaillart. sire au duc dã
iou q̃ a villeneufue est q̃ est pres
dicy voꝰ en ires et moy en vo
stre cõpaignie. Ne de cheuaulx
ne de finãce ne voꝰ doubtez q̃ ia
default en ayez. car asses ay des
biẽs q̃ de dieu et de voꝰ sont ve
nuz. Et en droit moy iay fiãce
que enuers mon seigneur le duc
trouueres voye de recouurer vo
stre royaulme. Au lendemai au
point du iour se partirẽt le roy

henry messire gaillart et les aul
tres cheualiers q̄ leur chemin
prindrēt droit a carcassonne et
ne furēt q̄ six en tout sans pa-
ge mener et cōpta le roy henri
du fait de la iournee et cōme es
paignolz nauoient point vou-
lu croyre messire bertrand.

Par my arragon auoyt
fort cheuaulche le bourg
de cominges ne du roy
henry nauoit peu auoir nouuel
les pource doubta q̄ pour na-
uarre fut passe et dedens cōmi
ges fut retrait mais a toulou
se en lostel des balences estoit
son espie qui le roy henry cō
gneut a sa venue et scauoir le fit
par lectres q̄l enuoya a cōmin-
ges ne de toulouse ne se partit
lespie iusques a ce q̄l eut veu
le roy partir. Tantost que le
bourg sceut nouuelle du roy hē
ry hastiuement sen vint a mon
guysart q̄ a trois lieues de tou
louse fut. Illec assembla .c. hō
mes darmes et le iour q̄ se par
tit le roy henry de toulouse sen
partit lespie du bourg q̄ deuers
luy ala a monguisart et le par
temēt du roy henry luy dit et q̄
a carcassonne sen aloit et en se
cret luy dit. Lors vint le bourg
aux cheualiers et escuiers q̄ assē
ble auoit et leur dit q̄ hastiue
mēt leur cōuenoit aler a carcas
sōne en leur priāt q̄l ny eut faul
te q̄ ilz ne fussent deuers luy le
soir car deuāt aloit. ainsi se par
tit le bourg de mōtguisart mais
tant cheuaucha le roy henry q̄l
vint sans repaitre dedens le
bourc en lostel de la pōme dor.

Dedens la cite de carcassō
ne fut adōc marie de bre
taigne fēme du bō duc dāiou et
fille de mōseigneur charles de
blois et pour laler veoir y fust a
le le roy hēry mais en ce tēps e-
stoit coustume q̄ nulle pricesse
ne veoit seigneur estrāge sās let
tres ou mādemēt de sō seigneur.
pour soy recōmāder a la duches
se le roy hēry enuoya deuers elle
messire gaillart et deux de ses
cheualiers q̄ de la descōfiture de
nadres luy prīdrēt a cōpter et cō
me le roy hēry sen aloit par de
uers son seigneur le duc a ref-
fuy. pour le roy henry hōnourer
enuoya la duchesse messire hēri
de bretaigne son frere acompai
gne des deux filz au cōte de grā
pre et plusieurs cheualiers don
neur q̄ le roy henry moult recon
forterēt et auec luy mēgerēt. de
grās dōs luy fit faire la duches
se. et apres mēgier enuoia le roy
messire gaillart pour cōuoyer
le frere de la duchesse.

Au retour que fit messi
re gaillart de cōuoyer le

frere de la duchesse apparceut le
bourg de cõminges q̃ en carcas
sõne estoit arriue et par les hoste
leries secretemẽt enq̃roit du roy
henry. de la põme dor dit yssir
messire gaillart le bourg q̃ bien
sceut q̃ a la desconfiture de na-
dres auoit este auecq̃s le prince
pource fut en doubtance du roy
henry et tant sauãca q̃ le bourg
rencõtra. et rigoreusemẽt luy de
mãda q̃ lauoit la amene. a mes
sire gaillart respondit lors le
bourg q̃ de nouuel son frere le
cõte de cõminges luy auoit dõ-
ne terre q̃ on luy ẽpeschoit et q̃ de
uãt le seneschal de carcassõne
luy en failloit plaidoier et pour
son droit garder luy deuoit ve
nir du cõseil de toulouse et pour
ce par les hosteleries enqueroit
se encores estoit venu. en doub
te fut messire gaillart q̃ le bourg
ne assembla gẽs pour le roy hẽ
ry prẽdre pource vint a la porte
de carcassõne du couste deuers
toulouse scauoir se au bourg e-
stoit de nouuel entre gẽs de che-
ual. a messire gaillart respõdi-
rent les portiers q̃ na gueres e-
stoiẽt entrez bien. c. hõmes a che
ual armez q̃ par les hosteleries
se logoient. Tant fit messire
gaillart q̃ aucuns en trouua et
leur demãda quelle part ilz aloi
ent. ilz luy respõdirẽt q̃ a la pri
ere du bourg de cõminges estoi
ent venuz et ne scauoient pour
quoy faire Adonc se pẽsa mes
sire gaillart la mauuaistie de
bourg. et au roy hẽry vint et luy
dit. Sire en vrẽ chãbre voꝰ re
traiez car en doubte suis q̃ pour
luy soiez vray est q̃ en ce bourc
de carcassõne sont gẽs logiez q̃
biẽ cõgnois et assemble les a le
bourg de cõminges q̃ auec eulx
est. et pource a la duchesse de ce-
ste chose vueil parler. par deuers
la duchesse ala messire gaillart
et laffaire et lentree du bourg de
cõmiges luy cõpta et de ses gẽs
et biẽ luy dit q̃ le roy hẽry pour
suiuoit pour le prẽdre. au bourg
enuoya hastiuemẽt la duchesse
messire hernoulx despaigne sene
schal de carcassõne q̃rir et lui cõ
mãda q̃ retenu fut le bourg et
toꝰ ceulx q̃ auec luy estoient. de-
dẽs le bourg de carcassõne ẽtra
le seneschal q̃ les portes fit fer-
mer puis assẽbla les bourgois
en armes. et tãt fit q̃ le bourg de
cõmiges et toꝰ ceulx q̃ auec luy
furẽt venuz il prit et arresta et
a la duchesse les mena q̃ emp
sõner les fit pource q̃ de lẽprise
riẽs ceulx q̃ auec lui estoiẽt venu
furẽt deliurez. mais garde fut
le bourg estroictemẽt et pẽdre le
voult faire la duchesse se par sõ
seigneur neust este pour frere le

cōte de cōminges qui luy en fit requerir moult humblement.

Le soir que fut prins le bourg de cōmiges se partit le roy hēry enuirō mynuit de carcassōne et tāt cheuaucha q̄ en deux tours vint a villeneufure. de luy se partit messire gaillart q̄ sa venue a la dire au duc et la descōfiture de nadres luy cōpta et le grant dueil q̄ demenoit le roy hēry de la cheualerie de frāce. de ce fut moult doulent le duc Et au deuāt du roy henri enuoya son cousin le cōte destāpes et to⁹ les cheualiers de sa court q̄ le roy henri encōtrerēt et moult le recōforterēt puis vindrēt au chastel en sa cōpaignie Adonc issit le duc q̄ au deuāt du roy hēry vint. et tātost q̄l le vit deuāt luy sagenoilla le roy hēri dūg genoil et sō chapperō osta cōtre luy et biē hūblement luy dit. ha mōseigneur a vous mē viens a reffuy car le plus pouure cheualier suis q̄ soit en vie. et roy souloie estre mais or puis biē dire de si hault si bas appertemēt le leua le duc en soy descouurāt cōtre luy et sō chapperō luy remist et dit le duc sire grandemēt mesprenes q̄ cōtre moy tant vo⁹ humiliez q̄ roy estes corōne. hūblemēt respondit le roy hēry. sire biē vo⁹ puis appeller mōseigneur car par vo⁹ recouureray ma terre et mon royaulme despaigne que perdu ay par ma simplesse et par fol conseil croyre oultre le vouloir de. b. et la cheualerie de france. grant pitie print au duc dāiou du roy henri q̄ enuers luy tāt se humilia et en le recōfortāt luy dit de grāt couraige. Sire par vrē faulte naues pas perdu le royaulme despaigne biē croy q̄ par la cruaulte et faulte des gēs du pais et de la cheualerie de vrē roiaulme auez perdu la iournee et sur vo⁹ est tournee la descōfiture de la bataille q̄ aues eue a nadres cōtre le prince q̄ a grant tort vo⁹ a guerroie et biē deut faire le cōtraire mais ie vueil bien q̄ chescū saiche q̄ en brief tēps bauldray au prince tāt a besoingner q̄ grāt peine aura. en surque to⁹ saiche le price veulle son pere et to⁹ ses aliez seres restitue de la corōne despaigne. De ce mercya le roy hēri le duc danion moult hūblement puis luy dit. Je plains plus. b. et la cheualerie de france que ie ne fais la perte que iay faicte car ie ne seay comment deux en est ale de la bataille qui tout estoit habandōnee de mes gens quāt bertrand men fit partir a force dudit bertrand et des francois qui le champ maintenoiẽt si vigoureusemẽt que merueil-les estoit a veoir. et plꝰ seroie digne destre la ou ilz sõt ou mors ou vifz quilz ne sont et en especial de ber. qui bien me aduertit de tout ce. et se creu leusse seigneur fusse de mon royaulme et pietre et le prince en eusse dechasse. moult doulcement le reconforta le duc et biẽ luy dit ql ne se soussiast de riẽs. puis le mena en vne tour ou logie estoit et ses paremẽs luy dõna a lentree de la tour. a leure que arriua le roy henri auoit le duc danjou pour le receuoir fait faire grant appareil au disner. Apres disner dõna le duc au roy henri toute la vaisselle en quoy il auoit este serui au disner et tout estat royal tant chambellains que autres officiers dedens villeneufue festoya le duc danjou le roy henri moult longuemẽt puis le mena par deuers le pape en auignon qui de grãs dons et biẽs luy donna.

APres ce que le duc eust festoye le roy henry luy bailla deux mille hommes qui auec luy entrerent en guienne et le pais du prince prirẽt a guerroyer et villes et chasteaulx ilz conquirent. dedens nadres se tint le prince auec ses ostz en la saincte sepmaine. Et vng iour vint pietre au prince que ber. du guesclin et le mareschal dantrehan luy requist Et pour ber. offrit son pesant dor de ce fut le prince ressusant. et apres la pasque fit le prince cheuaucher ses ostz droit a burgues de sa venue sceurent tost ceulx de burgues nouuelles qui pour leuesque enuoierẽt querir sauf conduit deuers le prince q̃ voulentiers leur enuoya. par deuers le prince de galles vint leuesq̃ q̃ au p̃nce mõstra les griefz q̃ pietre leur auoit fait pourquoy rendus sestoient au roy henri et au p̃ice se offrirẽt rẽdre en luy suppliãt q̃ sauf fussẽt de leurs corps et de leurs cheuances et que de sa grace a pietre les fit accorder. Et le prince leur promist qui a pietre fit iurer laccord A donc parla leuesque au prince. Mon seigneur biẽ scauons q̃ de ceulx de burgues prẽdra pietre grãt vẽgẽce. Ne pour sermẽt ql face ia ne lerra se par vꝰ nest. mieulx le croiroye de iurer par mahõ que par sa foy pourquoy hũblemẽt voꝰ requerõs q̃ en seurete noꝰ vueillez maintenir. de ce se cõmẽca le p̃nce a soubrire. Et le roy pietre ẽuoya q̃rir

auq̄l il cōpta les offres de ceulx
de burgues ausquelles il fut ac-
cordans.

TAnt cheuaucherēt le pri
ce et le roy pietre q̄ deuāt
burgues arriuerēt q̄ ren
due leur fut. la fut pietre receu
En brief lui furēt apporteeslef
clefz de ciuile de tolecte et de plu
sieurs autres villes et chasteaux
Et tāt fit le prince que de la
plus grant partie du royaulme
mist pietre en possession.

LE prince estant a bur-
gues vit a luy vng mes
sagier q̄ de hēri le roy des
paigne luy aporta nouuelles q̄
dedēs guiēne estoit entre a grās
gēs et le pais gastoit moult. biē
sēbla au prince q̄ le roy hēry ne
faisoit pas guerre de soy q̄ de-
struit estoit. et en sō couraige pē
sa q̄ du duc dāiou luy estoit me
nee ceste guerre car moult sētre-
heoiēt le duc et le pnce et nuit et
iour ne faisoit le duc q̄ querir til
tre pour le prince guerroier qui
estoit a paix ēuers le roy de frā
ce. Si print le pāce voye par la
quelle honourablemēt du roy-
aulme despaigne et au roy pie
tre vit et luy dit. sire quāt de mō
pais partis hōmaige me pmi
stes faire du royaulme despai-
gne se recouurer le pouuoye et
les gēs q̄ ie y ay amenez q̄ a vo9
souldoyes sont pmistes satisfai
re entieremēt. biē sauez q̄ du roy
aulme aues saisine et biē le pou
uez tenir paisiblement. se par
droit voules vrē peuple main
tenir pource q̄ en mō pais me
vueil retraire ceste raison vous
vueil reqrre q̄ de ce questes te-
nuz de faire faciez ēuers nous.
Quāt pietre se vist a burgues
et plusieurs aultres villes et
chasteaulx estre en son obeissan
ce. bien voulsist le pāce et toute
sa cheualerie estre en angleterre
Et tant traicta que accord fit
auec le prince q̄ a cordelle luy et
sa cheualerie se retrahirēt. La
yroit deuers luy pietre pour fai
re enuers luy ses deuoirs dedēs
quinsaine. tant desira le prince
retourner en son pais q̄ acordel
le se retrahit actēdāt pietre qui
au iour q̄ pmis auoit ne vint
ne enuoya dōt adeceu se tint le
prince et biē cōgneust sa desloy
aulte. lōguemēt ne pouuoit se
iourner le pāce dedens cordelle
pour les viures qui abaissoient
et de iour en iour luy venoit nou
uelles du roy hēry q̄ sa terre ga
stoit. pource se partit despaigne
et a bourdeaulx arriua en pou
ure estat. La dōna cōgie a sa che
ualerie q̄ par son ordōnāce sās

adueu de luy sassemblerẽt et la grant cõpaignie se nõmerent.

DE celle assemblee fut chief messire iehã chandoz q̃ au pais du roy de frãce les fit ẽtrer et le pais mectoiẽt a destructiõ mais sur eulx gecta le pape sentẽce dont apres chescũ se retrahit en sa cõtree.

POur la venue du prince escript le duc dãiou au roy hẽri et q̃ a luy vit a villeneufue lequel y vint. la ordõna le duc q̃ dedẽs espaigne retourneroit le roy hẽry et en ce cõtẽpse fut deliure le begue de villennes qui par deuers le roy se retraist. Et par laide du duc dãiou assembla le roy hẽri grãs gẽs pour pietre guerroier. mais tãt desira hẽri veoir messire .b. que au begue bailla ses gens a cõduire en tenãt le chemin darragõ et en estat de peleri se mist le roy hẽry. Et tant chemina q̃ a bourdeaulx vint et tãt fist q̃ a .b. parla a priue. et luy cõpta les secours q̃ luy faisoit le duc daniou dont .b. moult sesiouist Puis se partit de bourdeaulx henri sans estre appareceu et en arragõ vint ou le begue aconceust. Et tãt cheuaucha le roy henri q̃ a parpignã vint deuers le roy darragõ q̃ secours luy fist de deux mille hommes payez pour trois moys.

DEspuis le departemẽt du prince le roy pietre ala en la cite de tolecte et en plusieurs aultres de ses villes et chasteaulx cheuauchant par my son royaulme. au partir de burgues vint a tolecte ou receu fut hõnourablemẽt et illec a cordelle et a ciuile auq̃l lieu fit plusieurs cheualiers et bourgois decoler dont moult fut le peuple en grãt douleur mais en brief tẽps cheuaucha tãt le roy hẽri q̃ en espaigne entra et guerre print a mener. deuãt saq̃mẽte fist adressier ses ostz et la cite fit assaillir mais tãtost se rẽdit a sa mercy. Au partir de saq̃mẽte vint deuãt madric q̃ briefmẽt luy fut rẽdu puis vint deuãt tolecte q̃ lẽtree luy refuserẽt. Et illecq̃s iura le roy hẽri le siege. du couste deuers la mer tint le siege le begue de villẽnes oultre la riuiere deuãt tolecte q̃ sõ siege fit clorre de bois. En sa cõpaignie furẽt le bastard de bergue regnault le limosin et thomas pineul a grãs gens Et de lautre couste de la riuiere fut le roy hẽri qui auec luy auoit le conte daussseurre de lisle gascon pietre consaille pietre ferrant.

larcevesque de toulette. et au mil lieu du siege le roy henry fist mec tre la royne sa femme qui du cha stel blanc darragõ lauoit fait a mener. Lõguemẽt dura le siege deuãt toulette et tãt a destroit les tit le roy hẽri q̃ par famine mou rurẽt en la cite pl⁹ de.xxx.m.hõ mes tãt xp̃iẽs sarrazis q̃ iuifz ne de pietre ne pouoient auoir se cours ais affoiblissoiẽt de iour en iour et leurs cheuaulx mẽgo yent. Mais cy endroit laisse du siege de toulette a parler ou bien saura retourner quãt tẽps et lieu sera et viẽt a parler de messire. B q̃ es prisons du prince est detenu ne de le mectre a ranson ne vou loit le price tenir parolles.

Commẽt le prince de gales tint conseil a bourdeaulx pour deliurer bertrand.

En bourdeaulx tint lõguement le prince. B. en ses prisons dont a sa cheualerie moult desplent et a messire. B. ennuyoit pour sa prouesse et au prince nẽ osoit per sonne parler. Ung iour aduit q̃ bien grant court tint le prince de dens bourdeaulx la furent le cõ te darmignac le sire dalebret et les seigneurs de gascoigne le sire de clisson messire iehã chandos

hue de courelay gaultier huet et
plusieurs aultres chevaliers dā
gleterre que honnourablement
festoia le prince. Et en maniere
desbatemēt cōmēcerent leurs pa
rolles damours darmes de ba-
tailles de prinses de forteresses de
tournees de rēcontres et de prison
niers racheter. en ces parolles se
delictoit le p̃nce q̃ darmes estoit
le mieulx parlāt q̃ en sō tēps fut
et devant tous les barōs q̃ la fu
rent parla et dit en telle maniere.
SEigneurs quāt en bataille
ou en assault est p̃ns aulcū
chevalier vaillāt mōlt doit
estre honoure ne du stē ne luy doit
on point tāt demāder q̃ vne aultre
fois ne se puisse armer mais sās
cōgie de sō maistre ne se doit par
tir. la fut le sire dalebret q̃ de. b. se
recorda et au p̃ice dit. sire biē a
vez ces raisōs dictes mais se des
plaisir ny p̃nissiez dune parolle
vꝰ recordasse q̃ de vꝰ va courāt
maitenant q̃ est cōtraire a ce qua
vez maitenāt dit. a muer couleur
se p̃nt le p̃nce et dist pou mayme
roit le chevalier q̃ avec moy soit
se sur moy voit ou oyoit dire cho
se q̃ faire ne deusse en mō hōneur
gardāt et il ne me le disoit pour
ce vꝰ req̃ers q̃ me vueilliez dire
ce quon maitient de moy. sire biē
scet toute chevalerie par toutes
cours de renōmee cōme bertrās
du guesclin tenes en voz prisons
prisonier sās vouloir de luy nulle
finānce avoir pour doubte de sa
prouesse. Quāt le prince ouit ces
nouvelles au sire dalebret recor-
der et q̃ a ses parolles accorderēt
le sire de clisson et les aultres ba
rons en luy neust que courousser
si leur dit par grāt desdaig. bien
vueil seigneurs q̃ vꝰ sachiez q̃
se tous les barōs q̃ ores sont esto
yent en mes prisons tant ne les
doubteroie q̃ deulx ne prinse ran
con et vꝰ q̃ parles q̃. b. soit mis
a finance bien luy vueil mectre.
Pource alez le q̃rir et a moy ne
tiēdra pas q̃ delivre ne soit. De ce
se louerent tresgrādement tous
les barōs et seigneurs et pour la
vaillance de. b. mercyerēt le prin
ce puis alerēt. b. q̃rir et devant le
prince le amenerent. Hūblemēt
sagenoilla. b. devāt le prince qui
tantost le relieva et luy demāda
cōme il luy estoit. au prince respō
dit. b. treshūblemēt mō seigneur
mieulx quāt il vous plaira long
temps a que le chant des ras
mavez fait ouir o gaitz quant il
vous plaira pour moy desduire
me donneres les champs pour
le chant des oyseaulx ouir. a rire
se print le p̃ice et dit a. b. Amis
se voules iurer que contre mon-

seigneur le roy mō pere ne contre
ceulx de son sāg iamais ne vꝰ ar
meres ne a hēry ne ferez secours
frāchemēt vous quicteray de vo-
stre rancō et pour vous remōter
vous dōneray .x. m. floris Grāt
dueil eust .b. en son cueur quāt de
tel serment se veit requerre et dit
Helas mōseigneur cōme se pour
roit il faire que le roy de france et
son sang qui nourry mōt ne ser-
uisse deuant tous et en tous lieux
se il le me cōmādoit si vrayemēt
cōme ie suis cy iaymeroie mieulx
mourir en voz prisons que le ser
mēt faire. Et bien esmerueille ie
suis q̄ tel cōseil vous dōne qui le
plꝰ redoubte prince estes de toute
x̄p̄iente et tel serment me req̄res
Mōseigneur biē vouldroye mai
tenir par deuāt vous q̄ mal vous
cōseille vostre hōneur q̄ tel conseil
vꝰ dōne car mōseigneur quāt tel
s̄ment me feries faire il sēbleroit
q̄ doubtāce eussiez de moy q̄ suis
vng pouure cheualier. de ces pa-
rolles se print vng pou le prince a
courroussier et en desdaig luy dit
que hōme nestoit q̄l deust doubter
Puis reprint .b. les parolles et a
parler recōmēca au prīce en telle
maniere. Mōseigneur maītenir
dueil q̄ loy nauez de moy tenir en
voz p̄sons ou longuement ay este
sans raison Vray est q̄ pour sar
razis guerroier mauoit le roy char
les baille gēs et par espaigne me
noye larmee Or aduint et bien le
scauez q̄ mauuaisemēt et sans
achoison fit pietre le roy despai-
gne mourir ma dame blanche de
bourbō sa fēme vostre cousine ger
maine fille du frere ma dame vo
stre. dōt biē deussiez auoir quis vē
gēce. biē scauez aussi cōme fut ne
pietre q̄ bastard est par droicture
et la corōne deust auoir henry son
frere q̄ preudōs est et de mauuaise
foy est pietre et mescreāt en dieu
et biē vꝰ le scauez et par iuifz et
par sarrazins cest tousiours gou
uerne Pour quoy pour son mau
uais gouuernemēt le blasma hē
ry et le chassa de son royaulme et
bannit. toute sa terre luy tollit et
pour le murtre desloyal me māda
le roy de frāce q̄ sur pietre fut prise
vēgēce et guerre daultre part plꝰ
p̄s ne pouoye trouuer sarrazis q̄
en espaigne q̄ toute peuplee en est
a vꝰ mōseigneur ne faisoie nulle
guerre ne a vostre sāg et auec tout
ce q̄ biē scauez monseigneur enco
res q̄ au roy de frā cx auez paix et
caus̄ nauez de luy guerroier ne ses
gēs Mais bien scay que pour a
uoir lomaige despaigne estez venu
au secours despaigne et de pietre
dont le saint voyage q̄ faire cuydo
yee en grenade sur sarrazins auez

destourbe et aussi auez destruit
moy et mains aultres cheualiers
et mis a descõfiture dõt tel hõneur
en aues receu q̄ par pourete vous
en estez venꝰ ne de riẽs q̄ pietre vꝰ a
puis ne vous a riẽs tenu ne tien
dra de couenãt ains par froidure
et famine auez perdu maitz bons
cheualiers dõt cest dommaige si
saichez biẽ monseigneur que de ce
estes biẽ pou plaingt.

POur les parolles de mes
se. b. dit le price biẽ scay
b. q̄ vrayes sõt les parolles et biẽ
vouldroie nõ auoir fait õcq̄s le vo
yage pour la desloyaulte q̄ trou
ue ay en pietre. pource q̄ le sermẽt
q̄ ie vꝰ requers me reffuses et de
parolles de soubtance me char
giez vꝰ mectray ie a finãce si que
nul naura cause de celles parolles
maitenir mais sãs rãcõ de moy
ne partires. debõnairemẽt respon
dit. b. au p̄nce et dit. mõseigneur
ne de hault lignaige ne suis pas tel
q̄ grãt finãce y puissies recouurer
pour quoy vꝰ supplie q̄ a rãcon
raisonnable me vueillez mectre.

APres q̄ le p̄nce eust mes
sire. b. escoute luy dist. b.
de vostre rãcõ seres iuge
pour la loyaulte qui en vꝰ est ne
sur vostre parolle nẽ parleray ja
mais si dictes ce q̄ paier vꝰ plai
ra car ia nen vees desdit. de ce mer
cya. b. le price mõlt hũblemẽt. et
puis dit mõ seigneur se riche fus
se plꝰ q̄ ne feray vꝰ offrisse mais
sur la fiãce des seigneurs q̄ iay ser
ui me mectray a plꝰ q̄ mõ auoir
ne mõte a mõ cuider par ma rãcõ
paieray si vous plaisoit. lxx. m.
floris quãt le price ouit parler de si
grãt sõme esmerueille fut et mes
sire. b. dit grã de est la sõme et biẽ
scay q̄ encõbres serez de la payer
ne pour vostre parolle ne vous
vueil surprẽdre. biẽ me plaist q̄ de
ce rabatez a vostre gre. de grãt cou
raige fut messire. b. ne riẽ ne voult
rabatre et dit au price que tel pate
roit lescot q̄ riẽs ny auoit acreu et
vray disoit sicõme listoire racõp
te ca en auãt Par my la ville de
bourdeaulx courut tost la nou
uelle que a. lx. m. florins cestoit a
rãcõne. b. de son vouloir dõt tant
le desiroiẽt veoir ceulx de la ville de
bourdeaulx q̄ a la court du prince
accoururẽt. et tãt fut lostel plein
de gẽs q̄ luy mesme sen prit a mer
ueiller pource demãda q̄ ce peuple
amenoit. a dõc luy fut dit q̄ pour
b. veoir estoiẽt la venuz dõt le pri
ce se print a sourrire et messire. b.
fit venir deuant le peuple.

EN angoulesme estoit
a donc la princesse q̄ de
la grãt somme a quoy
cestoit messire. b. arançonne ouyt

parler dõt grãt desir eust de le ve-
oir pource le fit amener a bour-
deaulx et deuãt mãda messire .b
q̃ par messire iehan chãdoz luy fut
amene et par le mãdemẽt du prin
ce mõlt le hõnoura la p̃ncesse e
a sa table le fit asseoir ap̃s le dis-
ner se retrahit la pricesse en sa chã
bre et illec fut seruy de vin et despi
ces et deuãt toute la cheualerie les
enuoia a.b.q̃ enuers elle se humilia
mõlt et ap̃s vĩ et espices lappella
la pricesse q̃ cheualerie mõlt aima
et doulcemẽt luy dit. Amis de vo
stre rãcõ auez este iuge et a haulte
sõme vo⁹ estes q̃ de grãt couraige
vo⁹ meust. Mais alegier vo⁹ en
vouldroie pour les grãs biẽs qui
sõt en vo⁹ Saichez q̃ de vostre rã
cõ vo⁹ feray rabatre.x.m.florins
ou de mõ tresor les paieray.cõtre
la pricesse fut a genoulz messire.b
q̃ hũblemẽt la mercya et en esba-
tãt luy dit.ma dame biẽ cuidoie
estre le pl⁹ let cheualier q̃ fut en vie
mais or voy ie biẽ q̃ bel suis puis
q̃ des dames suis ayme dõt a rire
se prit la pricesse q̃ cõgie donna a
messire. b.leq̃l retourna mercyer
le prince qui moult fut ioyeux de
lonneur de la pricesse.

CAnt traicta messire.b.a
uec le price q̃ sur sa foy le
deliura pour sa finance faire et re
tourner p̃mist de vẽs certain iour
venir deuers luy et iusq̃s a la paye
de sa rãcõ ne se pouoit armer. ain
si fut messire.b.a rancon et a luy
vint messire chãdoz q̃.x.m.florĩs
luy offrit ap̃ster dõt mõlt le mer
cya.b. Par deuers luy vint messi
re hue de courelay q̃ courtoisemẽt
luy dit. Sire.b.longuement a-
uõs este cõpaignõs la vostre mer
cy. Bien scay q̃ du vostre auez
assez despẽdu et a grãt finãce vo⁹
estes mis p̃sonniers et plusieurs
aultres cheualiers et escuyers de
nom. de leur venue demena grant
ioye messire.b.et leur chemin prin
drent en espaigne par le pays de
rouceuaux Tant exploita messi
re.b.q̃ en nauarre entra et le roy
aulme passa oultre le gre du roy
de nauarre qui lors estoit en espai
gne si prit.b.a guerroier et a luy
se rẽdirẽt plusieurs villes et cha
steaulx et tãt fit que en la duchie
de moulins se bouta celle duchie
luy auoit donne le roy hẽry mais
contraires luy estoient ceulx du
pays et briefment tant les guer-
roia messire.b.que en la fin se ren
dirent.

AV temps q̃ deuãt tolet-
te estoit le siege q̃ y tenoit
le roy henry le begue de villennes q̃
grant hõneur y acquist vindrent
nouuelles de messire.b.au roy hẽ
ry qui la duchie de moulins con-

voyez ce q̃ est escrit en marge de la page suiuãte.

queroit et de par luy atout grās
gēs menoit guerre en espaigne. de
la venue de luy fut henri moult es
iouy et plus fit assaillir toulette
mais pou y exploita combiē q̄ a
luy se fussent voulentiers rēduz
mais au chastel estoit vng cappi
taine de par le roy pietre q̄ moult
les confortoit q̄ au chastel tenoit
iiii. des pl⁹ grās bourgois de tolet
te pour la ville tenir en obeissance
et baille auoit la ville au gouuer
nemēt des ditz quatre bourgois en
signe de vouloir a pietre obeir. en
grāt destresse furēt ceulx de la vil
le q̄ par deuers pietre enuoierēt a
ciuile mais grās gēs ne pouoit a
uoir adōcques et non pourtant
bien leur manda que brief les se
courroit Si se pēsa dune voulē
te dāpnable qui pou luy valut.

Lystoire racōpte que pour
toulette secourir de ciuile
se partit pietre q̄ par de
uers les roys de grenade et de belle
marine sen ala et se alia contre
to⁹ xpiens et maitient on que en
laliance auecques iceulx deux
roys qui sarrazins estoiēt icelluy
pietre se departit de la foy catholi
que et du tout y renonca et pour
celuy pmirēt faire secours brief
ment. Et pour le secourir assem
blerent grans nauires les roys de
bellemarine et de grenade q̄ a lad
miral de bellemarine baillerent
x.m. sarrazins Et est vray que
par laliance faicte par le roy
pietre aux payēs le roy pietre de
uoit prēdre a fēme et en mariage
selon leur loy la fille du roy de bel
lemarine. dedens la mer ētra lad
miral de bellemarine atout ses
x.m. sarrazins et par terre vint
a ciuile qui en coustoiant la mer
venoyēt secretement pour lost du
siege de toulecte surprēdre Aussi
fit partir de ciuile tresgrans gens
chrestiens iuifz et sarrazins et
bien furēt iuifz et sarrazis nom
brez a.xx.m. Secretemēt mā
da pietre a ceulx de toulette sa ve
nue et aduint vne iournee que au
point du iour hyssirent ceulx de
toulecte. ¶ Saichez que pour
vostre rancon paier vous baille
ray.x.m. florins qui vostres sont
et non pas miens et plus en ay
pour vous. de ce le mercya. b. et dit
que lse affaire en auoit a espar
gner ne le pensoit. Adonc prin
drent congie Bertrans et coure
lay et sentreacollerent et baiserēt
car moult sentreamoient.

De bourdeaulx se voult
Bertrās partir pour
sa finance assembler
et pourchasser. illec vīdrent a luy

plusieurs cheualiers et escuyers
francoys qui a bourdeaulx esto-
yent prisonniers de la desconfitu-
re de la grant bataille de nadres
mais a si grant finance les auo
yent les anglois mis que paier ne
la pouoient. a messire. b. humble
ment qui les finances voult sca-
uoir Et pour les deliurer soblga
messire bertrand de leurs rancōs
payer et illecques deliures furent
dont a merueilles fut loue messi-
re bertrās de la cheualerie ql̄esse
en telle maniere se partit de bour-
deaulx. b. q̄ tant ala par ses iour
nees q̄ a tarascō arriua ou estoit
le duc dāiou q̄ siege tenoit deuant
tarascon pres dauignon q̄ le con
te de prouence cōtredit en son ost
eust. x viii. engins qui de nuyt et de
iour geetoiēt en la ville et contre
la muraille. de la venue de messire
b. fut le duc moult liez et grant
honneur luy fit et debōnairemēt
luy enquist de son affaire qui lon
guement luy en racompta et les
honneurs que trouue auoit en la
princesse dōt le duc le prisa mōlt
Adonc donna le duc a messire. b
pour sa rancon paier. xxx. mille
florins Auec le duc se tint lōgue
ment Bertrand deuant tarascō
et fit geeter les engins mais ar-
mer ne se pouoit. quāt oliuier du
guesclin sceut que deuant tara-
scon estoit son frere auec le du-
hastiuemēt vit Et en sa compa-
gnie vindrent messire oliuier de
manny et son frere messire alain
de la haussoye petit cambray. et
plusieurs cheualiers et escuyers
de nom qui a nadres auoient estez
prisonniers et qui auant messire
Bertrās auoient este deliurez de
prisō de leur venue sesiouist mōlt
le duc et mōlt les honnoura. Et
daultre part les receut messire
Ber. a grāt ioye et lost pour leur
venue enforca lendemaī fit le duc
assaillir la ville qui tant fut for
te que riens ny faisoyent.

POur tarascon secourir
enuoya la royne de ceci
le sur mer. x viii. galees
armees dont tost nouuelles en
sceut le duc pource fit le duc assē
bler plusierus vaisseaulx. Et
tant fit par son pouoir que entre
beaucaire et tarascon fit faire
vng pont de bateaulx dedens le
rosne qui a merueilles fut tenu
fort. Et pource a tarascon ne
pouoit venir secours pour le dit
pōt qui biē fut garny de bōs gēs
darmes. Et ne pouoient passer
les galees qui a arle le blanc sen
retournerent Si fit le duc adōc

enforcier sō siege et la ville assail
lir souuēt et aduint vne iournee q̄
pour tarascō secourir sassēblerēt
les barōs de prouēce. Et tāt che
uaucherēt q̄ le siege approucherēt
dōt nouuelles vidrēt en lost du duc
de lost se partit messire hue de mā
ny et aultres cheualiers et escuiers
q̇ nestoiēt en tout q̄.c.l.lāces q̇ p̄
uēceaux ēcōtrerēt q̇ grāt nōbre fu
rēt et biē estoiēt. x viii. cōtre vng.
en vne assez haulte place se tra
hit messire hue et ses gēs et asp̄
mēt les assaillirēt prouenceaux
mais fort se deffendirent messire
hue et ses gēs quāt p̄uēceaux ap
parceurēt q̇lz ne les pouoiēt esta
mer illecq̄s les assaillirent et sou
uēt les firēt assaillir de trait quāt
ce apparceust messire hue en ordō
nāce mist soy et ses gēs et la mon
taigne deffendirēt et cōtre les ba
rōs de prouēce se assēblerēt en ba
taille et briefmēt sur p̄uenceaux
tourna la descōfiture. la fut pris
le sire de la voulte par messire hue
de manny q̇ grāt richesse y recou
ura ne puis celle heure ne se voult
guieres armer en guerre et prins y
furēt tous les barōs de p̄uence. de
la desconfiture vint tost nouuel
les a tarascon. Et puis traicte
rent au duc et rendirent la cite. et
eulx en sa mercy q̇ debōnairemēt
les receut et toutes offences leur
pardonna.

Apres la prinse de tara
scō cheuaucha le duc luy
et ses hostz et .b. en sa cōpaignie a
arle le blāc. Par deuāt arle mist
le siege le duc dāiou. Mais atāt
se taist lystoire du siege darle et de
messire .b. vueil racōpter q̄ deuers
le prince deuoit retourner pour sa
rācōpaier ne auāt son payemēt
ne se pouoit armer bien pouoit e
stre en cōseil de guerre excepte cō
tre la lignee dāgleterre.

Desirant fut le bō duc
iehā daniou du roy hē
ry secourir et a .b. dit. amis pour
vostre rācon paier vo⁹ dōne .xxx.
m. florins et par deuers monsei
gneur le roy mōfrere vo⁹ en yres
q̇ biē est tenu vous aider et deserui
luy auez et a luy me recōmāderes
et luy dires que en espaigne vous
vueil rēuoier et tātost q̄ des pri
sons du prince deliure seres gar
des q̄ scauoir le me faictes. Car
aussi tost vo⁹ enuoieray gens dar
mes. hūblemēt mercya .b. le duc
puis partit par sō cōgie et tāt ala
par ses iournees q̄ par deuers char
les le roy de frāce arriua q̇ grāt io
ye fit de sa venue. au roy racōpta
messire .b. sō affaire et le secours q̄
luy fit le duc dāiou sō frere dōt bō
gre luy en sceut le roy et luy racōp
ta cōme en espaigne le vouloit rē

uoyer et pour le roy hẽry secourir luy promist faire deliurer gẽs dar mes. a messire. B. dõna le roy pour sa rãcõ paier et pour soy acq̃cter de ses despens. c. m. floris dõt fut le roy mõlt prisie de to⁹ mais a messire B. fit promectre que toutes choses laissees pour luy secourir toutes fois q̃l le mãderoit viẽdroit se p̃sonnier nestoit. Puis print cõgie B. du roy et sen ala en bretaigne et tãt ala par ses iournees q̃ en bretaigne ẽtra pour messire. B. hõnourer se assẽblerent le viconte de rouhẽ le sire de laual le sire de beaumenoir et les barõs du pays qui grãt finance luy dõnerẽt pour sa rãcon payer. a la roche dariẽ vint messire. B. pour ma dame tiphaine veoir sa fẽme q̃ pour sa venue fut mõlt esiouye. Vray est q̃ en labaye du mõt sainct michiel messire B. et sa fẽme auoiẽt mis en tresor C. m. florins au iour q̃ de bretaigne partit pour son p̃mier voyage faire. biẽ cuidoit adoncq̃s illec trouuer sa finance pour soy et la cheualerie aider. Mais rapporte luy fut que despẽdu lauoit ma dame tiphaine sa fẽme. lors la mãda venir a luy et luy dist dame voulẽtiers scauroie q̃ de mõ tresor auez fait. et doulcemẽt elle luy respondit mõseigneur aux cheualiers et escuyers q̃ serui vous ont qui devoir me sõt venuz lay departi pour leurs rãcons paier et eulx remõter dont encores seres seruy et ce scaurez par eulx. Si ne men vueillez riẽs demãder. grant ioye en eust messire. B. et luy dit q̃lle auoit bien fait.

De bretaigne partit messire B. et tãt ala par ses iournees q̃ a bourdeaulx arriua par deuers le prince q̃ mõlt le hõnoura a sa venue guieres ne demoura B. a bourdeaulx que de par le roy charles de france vindrẽt messagiers qui la finance apporterẽt a B. pour sa rancõ paier au prince q̃ p̃mier luy rabatit ce q̃ la princesse dõne luy auoit et ainsi fut. B a plein deliure et du price prit congie q̃ a son partemẽt le honnoura grãdemẽt et par sa cheualerie le fit cõduire par sa terre longuement en le faisant festoyer par ses bonnes villes hõnourablemẽt. puis p̃ndrẽt cõgie de luy les cheualiers en luy disãt frãc cheualier biẽ scauõs q̃ pou no⁹ laitres seiourner si no⁹ recõmãdõs tousiours a vo⁹.

En ce tẽps se tenoit messire oliuier de mãny en lãguedoc q̃ pour lordõnãce du duc dãiou assẽbloit gẽs en actendãt de messire. B. nouuelles et tãt fit q̃ en brief tẽps se trouuerent. vii. c lãces et tãtost q̃ messire. B. sceut nou

uelle de lassemblee et deliure le vil
si mãda messire oliuier que a luy
alast atoutes ses gẽs et en lassem
blee estoiẽt messire arnol dãtrehã
mareschal de frãce messire oliuier
de mãny son frere messe heustace
de la haussoie messire guillaume
boitel messire mesclin carlonnet
le bourepains le sire de põmiers et
plusieurs aultres cheualiers et escu
iers de nom de leur venue demena
grãt ioye messire.b. et leur chemin
pndrẽt en espaigne par le pais de
rõceuaulx. tãt exploita messe.b.
q̃ en nauarre entra et le royaulme
passa oultre le gre du roy de na-
uarre q̇ lors estoit en espaigne p̄nt
b. a guerroier et a luy se rendirent
plusieurs villes et chasteaulx. et
tãt fit q̃ en la duchie de molins se
bouta. celle duchie luy auoit dõne
le roy henry mais contraires luy
estoyẽt ceulx du pais et briefmẽt
tãt les guerroya messire.b. q̃ en la
fin se rendirent.

Aut ps q̃ deuãt toulette
estoit le siege q̃ y tenoit le
roy hẽry et le begue de vil
lenes q̇ grãt hõneur y acq̃st vindrẽt
nouuelles au roy hẽry de messire
b. q̇ la duchie de moulins cõq̃roit
et de par luy atout grans gẽs me
noit guerre en espaigne. de la ve
nue de luy fut henry mõlt esiouy
et plus fort fit assaillir toulette
mais pou y exploicta cõbiẽ que a
luy se fussent voulentiers renduz
mais au chastel estoit vng capitai
ne de par le roy pietre qui mõlt les
confortoit q̇ au chastel tenoit. iiii
des plꝰ grãs bourgois pour la vil
le tenir en obeissãce et baille auoit
la ville au gouuernement desditz
iiii. bourgois en signe de vouloir a
pietre obeir. en grãt destresse furẽt
ceulx de la ville q̇ par deuers pie-
tre enuoyerẽt a ciuille mais grãs
gẽs ne pouoit auoir adoncques
pour la ville secourir et non pour
tant biẽ leur mãda q̃ brief les se
cõurroit. si se pensa dune voulente
dopnable qui pou luy valut.

Lystoire racõpte q̃ pour to
lette secourir de ciuille se
partit pietre q̇ par deuers
les rois de grenade et de bellemari
ne sen ala. et tãt ala et traicta que
auec eulx salia cõtre toꝰ xpiẽs. et
maitient on q̃ en laliẽce faisant a
uecques iceulx deux roys qui sar
razins estoient icelluy pietre a la
foy catholique du tout renonca et
pour le secourir assẽblerẽt grans
nauires le roy de belle marine et de
grenade q̇ a ladmiral de bellemari
ne baillerẽt. x. m. sarrazins et est
vray q̃ par laliẽce faicte par le roy
pietre aux payens le roy pietre de
uoit prẽdre a femme la fille du
roy de bellemarine selõ leur loy de

dẽs la mer cẽtra ladmiral de bel-
lemarine atout ses .x. mille sar-
razins et par terre vint a civile
q̇ en coustoiant la mer venoit se-
cretemẽt pour lost du siege de to
leete surprẽdre. aussi fit partir de
civile tresgrans gens xpiens
iuifz et sarrazins. et bien furent
iuifz et sarrazis nombrez a .xx.
mille. Secretemẽt manda pie
tre a ceulx de tolecte sa venue. et
advint vne iournee que au point
du iour yssirent ceulx de tolecte
pour aler au devant de pierre qui
le chemin de corde tenoit. de leur
venue sceut nouvelles le begue de
villennes q̇ passer les laissa oul
tre son siege sans semblant fai-
re. puis les enclouyst ẽtre la vil-
le et la forest. Quãt le begue eust
mis ses gẽs en ordõnãce ẽtre la
cite et ceulx q̇ yssus estoiẽt ap-
pertement les poursuivit et a
eulx assẽbla. la se deffendirẽt lon
guemẽt ceulx de toulette mais
en la fin furẽt descõfiz dont plu
sieurs en y eut occiz et les aul
tres prisonniers. aps̃ retourna le
begue en sõ siege et ses gardes or
dona de pl' en pl' et puis dressier
fit vng gibet biẽ grãt ou il fit pẽ
dre les prisonniers de toulette q̇
en vie avoient este prins. quant
le roy henry sceut la desconfitu
re de ceulx de toulette la cite fit
assaillir de toutes pars et moult
y eust de gens navrez de toutes
pars Mais conquise ne peult
estre. Et puis au roy henry vit
nouvelles de pierre et des sarra-
zins q̇ ilz approuchoiẽt du prou
chain port de toulecte et audit
port se devoient rencontrer pierre
et ceulx de toulette. Pource ma
da henry hastivement Bertrãd
q̇ en la duchie de moulins estoit
a briefz iours y vint luy et sacõ-
paignie.

Pres de toulette sur vng
port de mer arriverent
sarrazins q̇ a terre des
cẽdirẽt et le roy pierre y trouverẽt
qui son ost mist ensẽble et droit
a toulette print sa voye dont brief
ment vindrẽt nouvelles au roy
henry et a messire bertrand. Et
vng soir leverent partie de leur
siege pour aler contre pierre et fu
rent la le roy messire bertrãd du
guesclin olivier de manny ses
freres messire heustache de la
haussoye carlonnet messire guil-
laume boitel et plusieurs cheva
liers et escuyers de nom. au siege
demourerẽt avecques la royne les
freres du roy hẽry larcevesq̄ de
tolette et la chevalerie despaigne.

Comment le roy pierre et
les sarrazins furent descõfis par
le roy henry et messire bertrand.

Tant cheuaucherent le
roy henry messire ber-
trand et la cheualerie
de france que a quatre lieues de
toulette en tenãt le chemin deroz
de deuers la mer rencõtrerẽt les
coureux de pietre qui en son host
sen retournerẽt pour la venue du
roy henry ordonna pietre ses ba-
tailles. et daultre part se misrẽt
en ordonnãce le roy henry et mes
sire. b. tãt furẽt les hostz approu
chiez q̃ veoir se pouoiẽt et les ba
tailles assemblerẽt. es batailles
des sarrazins se tint pietre q̃ tãt
darmes de soy fit que merueilles
fut puissamment se deffendirent
sarrazins et moult dommaige
rẽt xp̃iens sur vne elle de batail
le se tindrent messire. b. le begue
messire oliuier de manny carlon
net qui a banniere desploiee entre
rent es batailles des sarrazins
la eust bataille merueilleuse. et
moult se cõbatirent xp̃iẽs puis-
sammẽt et mesmement firẽt les
iuifz et sarrazis de lost de pietre et
en grãt arroy les tit pietre lõgue
mẽt mais en la fin furent descõ
fiz. Et fut la mortalite nõbree
a. xxxvii. m. ix. c. Et des sarra
zins de belle marine ne demoura
que cinq cens. et en celle bataille
fut occis ladmiral de bellemari
ne et de la sen fouyt pietre q̃ droit
a la mer se cuida retraire es na
uires de belle marine Mais sur
le couste deuers la mer estoit le
begue de villennes qui le passai
ge tellement garda que la ne se
peut pietre retraire ais se bouta
atout les gẽs qui demourez luy
estoient es grans forestz. Sur
le champ de la descõfiture le roy
hẽry messire. b. le begue de villen
nes oliuier de manny et les che-
ualiers de france pour auoir con
seil de pietre poursuir et en doub
te furent que es grans forestz ou
entre estoit se fut embuchie pour
ce enuoyarent coureux qui en la
forest entrerent. Et tant alerent
que le train de pietre trouuerent q̃
a mõtesclaire sen fouit. lors mes
sire. b. conseilla au roy que pour
suyt fust pietre pour laq̃lle chose
faire ordonna messire. b. les ba-
tailles au roy henry. a carlonnet
bailla a conduire lauãgarde. es
forestz entrerẽt en tirant a mont
esclaire ou se fut retrait le roy pie
tre qui tantost sceut leur venue.
Et dillec se partit atout le de
mourãt de ses batailles et sõ che
min print a montourdain. deuãt
montesclaire arriua le roy hen
ry et bertrãd. Et bien brief leur
fut le chastel rendu q̃ fort et biẽ
seãt estoit et la terre appertenẽt
Et dillec se partirent le roy hẽry

et bertrand pour poursuir le roy pietre qui amoniourdain vouls entrer mais ia scauoiét la desco fiture Et de par le roy henry se tindrent. de deuant moniourdai se partit pietre en grant descon- fort. Et guieres ne demoura que a luy vint ung messagier de par le maistre de saict iaqs le cõ te ferrant de castres despaigne et le maistre caltaire q au secours de pietre venoyent a grans gens Et tant se hasterẽt que a luy vi drent dont moult se reiouist car biẽ estoiẽt. p v. c. hõmes darmes

Bien scauoit pietre que du roy henry et de mes- sire. b. poursuy estoit a donc se arresta pietre pour acten dre le secours q luy venoit et rap porte luy fut que fort sapprou- choit le roy henry adonc ordonna ses batailles. en embuche enuo- ya le roy pietre. v. c. hommes de cheual sur le chemin au roy henri Et briefment pres de lembuche arriua carlonnet qui lauangar de cõduisoit a. ii. c. hommes dar mes. de lembuche yssirent espai- gnolz qui cõtre carlonnet assem blerent en bataille. la fut le mai stre de caltaire occis a lassembler qui des premiers estoit venu au secours de pietre dont doulẽt fut pietre. Et tant combatirent car lonnet et ses gens que en fuite tournerẽt espaignolz. de ce sceut nouuelles pietre le roy qui a grans gens vint assembler a carlonnet. la furent francoys desconfiz. Quant carlonnet vit la descõfiture et que loing estoit le roy henry et messire bertrand et si pres ne cuidoit pas pietre trouuer sur son courcier sen par tit hastiuement soy. p. et le dit a messire. b. dont grant cõpte nen tint bertrand aincoys reconfor- toit la cheualerie et q̃ une heure failloit gaigner et laultre perdre

En ordonnance fit met tre messire bertrand les batailles du roy henry Et tant cheaucherent que de uant eulx vindrent et virent pie tre qui a toutes ses batailles vit assembler a lauangarde du roy henry ou. ii. c. lances auoit qui en pou deure furẽt descõfiz. quãt messire bertrand sceut la descon fiture en luy neust que courrou- cier si sẽ partit a toute sa batail le auecques le begue de villen nes oliuier de manny qui a ban niere desployee en criãt guesclin assemblerert cõtre pietre q̃ gran demẽt se deffendit. la eust batail le forte et merueilleuse. Et grã-

ft

demēt combatre et dung couste et daultre mais desconfis furēt espaignolz. de la bataille sen par tirent pietre et le conte ferrant de castres et le maistre de sainct iaques. en celle bataille furēt des confiz et occiz tant de ceulx qui de la bataille de toulette estoient demourez comme de ceulx qui la estoient venus. iii. m. viii. c. Au partir de la bataille sen fouit pie tre tout seul a mōteraissēt mais dedens ne se osa bouter ains coustoia et se bouta es bois en vens en coustoiāt la haulte mer Et tāt cheuaucha que sur vng port de mer arriua. la estoiēt mar chans qui en ciuille repairoyent souuent et bien appareceurēt pie tre le roy et tantost penserent que desconfit estoit.

EN la nauire des mar chans descendit pietre q̄ mener se voult en grena de. Mais en la nauire ne le voul drent les marchans. Adonc se mist pietre a genoulz deuāt eulx E grant finance leur promist pour sa vie sauuer et la vie luy donnerent. Et en oultre le menerent en terre de payens ou le vendirēt aux sarrazins dont briefment fut rachapte de ceulx de ciuille qui la rācon payerent et dedens ciuille fut par mer ra mene et se recueurent en la ville. Mais en cē droit se taist listoyre et retourne au roy henry et aux faiz de messire bertrand.

APres la bataille de mō iourdain retournerent deuant toulette le roy hē ry et messire bertrand atout leur cheualerie la vindrēt au roy hēry gēs darmes de toutes pars pour lost enforcier adōc fit mes sire bertrā engins dressier et la ville assaillir souuēt mais pou y exploita car amerueilles fut forte la clousture et de grant def fēse furēt ceulx q̄ dedēs estoient Et briefment leur vindrēt nou uelles de pietre qui leur escript que de luy auroient briefment se cours dont plus fort se tindrent en celle esperāce de ciuille se par tit le roy pietre et en grenade ala par deuers le roy qui. xx. m. sar razins luy accorda enuoier par mer au prochai port de toulette. ap̄s sen ala pietre par deuers le roy de bellemarine qui en la cite de formassonne fut de grant che ualerie plein le roy de bellemarine et piecа auoit este pris des xp̄iēs par deuant castrale ou longue ment tindrent siege les chrestiēs Et moult de francoys y auoit

pour la venue de pietre tit le roy
de bellemarine grant court la eſ
pouſa pietre le roy ſelon la loy
payenne laiſnee fille du roy de
bellemarine q̃ pſcine fut de grãt
beaulte. Apres la feſte manda
le roy de bellemarine ſa cheuale-
rie qui briefment vindrent Et
tant fit que. xxx.m. ſarrazins
aſſembla pour le roy pietre ſe-
courir Et a altaire ſon aiſne
filz les bailla a cõduire qui onc
ques puis nen reuint. de formaſ
ſonne la cite ſe partirent pietre
et altaire atout leurs ſarrazins
et tant alerent par leurs iour-
nees que a ciuille arriuerent illec
honnoura pietre altaire de belle-
marine de tout ſon pouoir. Et
grans gens aſſembla pour le
ſiege de toulette leuer et tant fit
pietre que de ſon pays trouua
xxx.m. perſonnes tãt chreſtiẽs
ſarrazins que iuifz. par la terre
prindrent leur chemin pour aler
deuant toulette pietre et altaire
qui au partir de ciuille furẽt biẽ
nombrez. lx.m. combatãs Et
au prouchain port de toulette de
uoit trouuer ceulx de grenade q̃
auant pietre y furent et deſcendi
rent a terre. Et en actendãt pie-
tre le roy tendirent leurs tentes
et pauillons.

DE la deſcẽdue des ſar
razins de grenade ſceut toſt nou
uelles le roy henry Et comme
pietre actendoyent qui a grans
gens venoit. a meſſire Bertrãd
le racompta qui en luy racomp
tant dit ſire roy bien pouons
dire que ſemblons ceulx qui le
ſainct pere vont querir a rõme
et il eſt a leur huys vous ſcaues
q̃ pour aler ſur ſarrazins le roy
charles de france des long tẽps
en ce pays menuoya en eſperan
ce daler ſur ſarrazins en grena
de mais or ne noꝰ fault poĩt les
aler q̃rir en grenade ne es eſtran
ges cõtrees de payens puis que
ſi pres les auons de nous.

Comment Bertrand deſconfit les ſarrazins deuant toulette.

DU siege se partirent le roy henry messire bertrand le begue de villennes messire olivier de manny et plusieurs aultres frãcoys. et le siege laisserent garny devant toulette ou estoyent les sarrazĩs de grenade descenduz. Et en arroy se mectoyent pour chrestiẽs combatre car bien scavoyent leur venue. tantost messire Bertrand qui la premiere bataille conduisoit les veit de eulx approuchier adõc crierẽt frãcoys nostre dame guesclin. Et la se combatirent sarrazins de grãt pouoir mais en la fin furent desconfiz. Et sur le champ furent occiz. vii. m. sarrazins et pl9 de ceulx qui de la bataille se peurent retraire rentrerent en leurs navires a lentree sentrepressoiẽt tellemẽt que en la mer en cheyt plusieurs. Et les aultres atout leurs navires retournerẽt en leur pais et cõtree de grenade Sur sarrazins gaigna messire bertrand tentes et pavillons et plusieurs grans richesses qui par son ordonnance furent desparties a la chevalerie puis retournerent en leur siege de toullette. en actendant nouvelles de lost de pietre qui tant chevaucha q̃ pres du chastel de monueil arriva Et au roy henry manda la bataille qui par le conseil de messire bertrās luy accorda.

Pour cōbatre le roy pietre le roy hēri manda ses captaines de ses chasteaulx et toute la cheualerie qen sō obeissāce estoit. et tāt fit q en brief terme se trouua en tres grant nombre de gens. pour le siege de toulette maintenir ordōnerent que deuant la cite demouteroit larceuesque et la royne a grans gens. Et droit a mōueil cheuaucha le roy henry atout ses hostz. en telle maniere ordonna le roy henry de son siege par lordonnance de messire bertrans. Sur les champs a vne lieue pres de mōueil se tint le roy pietre en actendant bataille et tāt fist que de lost de pietre approucha et de ses gens ordonna troys batailles desquelles il bailla a messire bertrans la plus grosse a conduire. sur les esles de la grosse bataille estoient les deux aultres batailles dont lune bailla a conduire au begue de villennes Et laultre a messire oliuier de māny. en bataille ordonnee descendirent a pie le roy henry et messire bertrans et toute la cheualerie Et nombrez estoiēt. xx. mille hommes de la partie du roy henry et de la partie du roy pietre estoiēt bien nombrez. lxx. mille. pour assembler contre pietre partirēt les batailles du roy henry en eulx commendant a nostre seigneur en eulx confessant lung a laultre et de la terre se couuroyent en remenbrance du corps nostre seigneur. tant alerent de pie les batailles du roy henry biē fort serrees et vng pas deuāt laultre et out bellement que aux batailles de pietre assemblerent Et tāt fut le begue desirant de bataille que deuant toute la cheualerie assembla le premier atout sa bataille. a lassēbler fut occiz le nepueu du roy de bellemarine dont grāt dueil demenerēt payens car en leur loy estoit renommé cheualier de grāt vaillāce Et lespace dūg trait darc reculerent les batailles du roy pietre pour la mort au nepueu de bellemarine dont tant doulent fut altaire son filz qui son cousin germain estoit qui sa bataille conduisoit contre le begue de villenes que plus ne pouoient. la combatirent chrestiens et sarrazins de grant puissance

et fit le begue tant de cheualerie
que de tous fut moult prise et
esmerueille estoit chascun de
son bien faire. asprement fit as
saillir chrestiens altaire de belle
marine qui a terre fut porte dōt
rescue fut et dont la bataille du
begue fut moult foulee par al
taire. dont nouuelles vindrent
a messire bertrād qui sa batail
le et sa banniere fit adressier
droit a la bataille du begue. et
quant ensemble se trouuerent
messire Bertrād et le begue ne
demande nul le grant ardemēt
que le begue print en soy car de
laustre part estoit le roy henry
assemble a lencontre du roy pie
tre lequel sur sō destrier couuert
de ses paremens estoit arme la
couronne sur son bacinet et ve
stu de la timulle royalle despai
gne et puissamment assaillirēt
le roy henry et sa bataille ceulx
de la bataille du roy pietre qui
grandement se deffendirent et
mōlt y faisoit pietre de cheuale
rie Tāt asprement assaillirent
messire Bertrand et le begue
sarrazins que moult en occirēt
Et briefment sur eulx se tour
na la descōfiture Et a fouyr se
prindrēt sarrazins. Quant al
taire vit ses gens fouyr et vit
bien q̄ contre messire bertrand
ne pourroit souffrir lestour de
la bataille sen partit auec luy
pietre et ladmiral de son pays
a grant nombre de sarrazins q̄
bien hastiuement de messire. b.
furent poursuis et tant fit mes
sire Bertrand que sarrazins
aconceust qui ensemble se mi
rent. la furent sarrazins encloz
et assailliz de toutes pars mais
grandement se deffendirent et
moult endommaigerent chre
stiens qui de pl⁹ en plus les as
saillirēt. merueilles fut a veoir
les armes q̄ le seul corps mes
sire bertrand faisoit Car nul
nosoit habiter deuant luy et la
ou il se trouuoit nestoit si ose
approuchier de luy et tellement
que plusieurs laissoient le besoi
gner pour le seulement veoir et
regarder et en la fin furēt occiz
altaire ses .iiii. admiraulx et
leurs sarrazīs En grāt arroy
se tint pietre et ses batailles cō
tre henry qui durement les as
saillit. Et apres la bataille de
bellemarine et de leur descōfitu
re se trahirēt messire Bertrād
et le begue a toutes leurs batail
les et bannieres dedens les ba
tailles du roy henry. Et tant
firēt en pou de heure que pietre
qui bien appareceut messire ber
trand tourna a desconfiture et

sen fouyt hastiuement au chastel de mõueil et entrerent auec luy quatre cens hommes darmes. grãt occision fut faicte de chrestiens iuifz et sarrazins et biẽ furent en la bataille nõbrez a .xxviii. mille hommes mors de la bataille se partirent ceulx de ciuille quant ilz virent sarrazins fouyr Et les sarrazins commencerẽt a poursuir et to⁹ les occirent. Sur ceulx de ciuille fut faicte la chasse et apˢ ceulx alerent chrestiens qui to⁹ les occirent.

Apres la bataille qui fut pres de monueil se assemblerẽt le roy hẽry messire bertrand le begue de villennes oliuier de manny et to⁹ leurs gẽs pour le roy pietre poursuir. deuant monueil vint le roy henry qui le chastel assiega de toutes pars et le siege fit le roy henry clourre de muraille tout entour tellemẽt q̃ sur le siege ne pouoit saillir la garnisõ du chastel. souuẽt fit le chastel assaillir Bertrand mais grãdemẽt fut deffendu et prins dassault ne pouoit estre. biẽ dit bertrand au roy henry. Sire biẽ vouldroye que en vostre mercy se fust pietre rendu et q̃ de terre luy dõnissiez largemẽt pour sõ estat maintenir A ce saccorda le roy henry qui vng cheualier enuoya dedens monueil pour les nouuelles dire a pietre qui par le capitaine de monueil fit dire que de monueil estoit parti pour aler querir secours le roy henry retourna le cheualier et ce que luy eust dit le capitaine luy rapporta dont il fut moult esmerueille Et sa cheualerie mãda pour soy conseiller. la fut le viconte de rocque qui au roy cõseilla a leuer son siege mais a ce ne se voult cõsentir messire bertrans dit. Sire roy saichez q̃ seler se fait pour vostre siege faire leuer et bien saichez que leãs ne se peult longuement tenir car bien scay certainement que de viures ont grant souffraicte et tous ensemble Au conseil de messire Bertrãd se tint le roy henry et le siege iura.

Vne nuyt aduint que par laccord de ceulx du chastel de monueil q̃ dedẽs .xv. iours deuoiẽt auoir secours du roy pietre et point leur auoit et pource deulx sẽ partit secretement de nuyt dudit chastel soy .v. seulemẽt et grãs ri

chesses ẽportoit auec luy pour
plus secretemẽt deualer du cha
stel tenoient les lãgues de leurs
cheuaulx en leurs mais et tout
coyement venoyent. icelle nuyt
faisoit le guet le begue de villen
nes et par ses escoutes sceut q̃
gens estoient yssus du cha-
stel pource fit le begue ses gens
armer et secretement les mist
sur le passaige Tant ala de pie
que a vne faulte de mur p̃s du
passaige du siege sur son cour
cier voulst monter. Au passai
ge estoit le begue de villennes q̃
le roy pietre print vng pie en le
strier pour acheual monter et
par les gẽs du begue furẽt to⁹
les aultres prins. Quãt pietre
se sentit prins a deffendre se p̃nt
et le begue cuida ferir dune da
gue mais a force la luy osta le
begue des mains. Et bien ap
parceut pietre que en luy auoit
bien peu de deffence. adonc debō
nairement se print a humilier
contre le begue Et grans dōs
et richesses dor et de ioyaulx luy
promectoit auec troys cites et
xii. chasteaulx mais que aler
le laissast. Ace ne se voulst le be
gue accorder ains le print et a-
mena. sur ce point vint par de
uers luy le viconte de rocque.

Et au begue soffrit pour pie
tre garder et il luy reffusa. Et
pour desplaisance dit le vicon
te bien a este trahy pietre et biẽ
lauez sceu prẽdre de nuyt en lar
recin. Au viconte respondit le
begue que il mentoit faulcemẽt
et sur ce gecta son gaige de ba
taille mais le vicõte le reffusa.

D Edens la tête de messi
re alain de la haussoye
mena le begue le roy
pietre et la prinse mãda au roy
henry par gillet de buz escuyer
de renom qui sa banniere por-
toit dont le roy henry fut mōlt
ioyeux. Et tantost partit de sa
tente pour venir la ou pietre e
stoit qui aussi tost que le roy hẽ
ry apparceut luy crya traictre
bastard. adonc vint le roy hen
ry qui entre les mais du begue
le voulst occire mais le begue
luy contredit. Quant le roy
henry apparceut que de pietre
ne pouoit a celle heure ioyr tant
traicta auecques le begue quil
l. luy liura et bailla. Et rancō
luy promist bailler telle com
mẽt par les cheualiers seroit dit
que vng tel prince deuoit payer

Et a la liuraison de pietre dit
le begue au roy hēry p̄sent la chĕ
cheualerie sire henry roy despai-
gne ie piere de villēnes cheualier
de la nacion de france qui pour
vostre secours suis venu en ces
parties vous fais scauoir que
en mon deuoir faisant et le guet
que Je faisoie en vostre siege de-
uant le chastel de monueil ay rē
contre le roy pietre qui de nuyt e-
stoit yssu du chastel et lay prins
et mō prisonnier est loyaulmēt
Et ie vous iure par ma foy q̄ sa
venue ne scauoye mais lauantu
re ay trouuee telle comme il a-
pleu a dieu de la menuoyer. Et
ces choses vous dy pource que
aulcuns murmurent que son
partement scauoye et daguet
mauuaisemēt lay pris Mais
sil ya aulcū cheualier en ce mon
de qui vueille dire que pietre ne
soit loyalment mon prisonnier
par mō corps suis prest a prou-
uer le contraire par deuant vous
Et ces parolles recita le begue
iii. foys a quoy nul ne fut respō-
dant. En cepoint fut prins pie
tre par le roy henry qui traic-
tre lappella. quant pietre se ou-
yt appeller traictre de grant or-
gueil respondit pietre au roy hē
ry que faulcemēt il auoit mēty
comme bastard quil estoit En
ce point tira le roy henry vne
dague de quoy il frappa pietre
par le visaige le quel tantost ap
proucha du roy henry et lēbras
sa. Et tant luy terēt que a terre
mist pietre le roy henry Et fort
le dōmaiga de ces genoulz et la
dague luy arracha. A celle heu
re arriuerēt a la tente de messire
alain messire Bertrand oliuier
de māny carlonnet messire guil
laume boytel et plusieurs aul-
tres cheualiers et escuyers de
nom qui tous esmerueillez fu-
rent quant apparceurent les .ii.
roys eulx entretenir et mōlt des
pleust a Bertrand dont le roy
hēry fut au dessoubz pource dit
au bastard danieres que pietre
alast mectre dessoubz hēry Ap
pertement vint le bastard danie
res qui par les Jambes print
pietre et dessoubz henry le mist
qui de sa dague le print a frap-
per en plusieurs lieux et a mort
le naura.

APres ce que le roy hen
ry eust laisse pietre na-
ure fit vng varlet venir
Et la teste fit tranchier a pie-
tre. de ce sceurent tost nouuelles
ceulx de monueil qui le chastel
rendirent au roy henry Et la
teste de pietre fit mectre au bouc

dune lance puis la fit mectre devāt son trait. Et le corps fit pendre sur la tour de monueil puis chevaucha le roy hēry droit a ciuilee et par le cōseil de messire B. fit porter la teste de pierre dōt briefuement se rendirent au roy henry ceulx de ciuille. Mais en vne nuyt fut la teste du roy pierre prinse par aulcūs du peuple et gectee en la mer qui par ciuile passe dont doulent fut henry car a toulette la vouloit il faire porter.

Comment les clefz furent apportees a henry et a bertrād du guesclin de toutes les villes et chasteaulx.

En ciuille furent grandemēt receuz le roy hēri messire bertrand et toute la cheualerie puis sen partirēt et au siege de toulette retournērent. la commenca la grant feste pour la ioieuse victoire du roy henri. Et de iour en iour luy furent apportees les clefz des villes et des chasteaulx du royaulme despaigne q̄ to⁹ a luy se rēdirēt excepte toulette q̄ fort se tint mais atãt se taist listoyre des faiz du roy qui par le conseil de messire Bertrand conquist le roy despaigne. et retourne au roy charles de france qui a Bertrand auoit fait promectre a son partement venir a luy toutes les fois quil le manderoit.

Au temps que le roy henry tenoit le siege deuant toulette auecques luy messire Bertrãd le begue de vilennes oliuier de manny messire alain de la haussoye messire guillaume boitel morādas de romul le carlonnet et les aultres cheualiers de france rompirent ãglois la paix qui entre le roy de france estoit et eulx et pridrẽt le royaulme a guerroyer en plusieurs parties. grans gens assembla le roy edoart dangleterre dõt il fit chief robert cauolle qui par mer vint a callais. Et par la entra en picardie qui par luy fut moult gastee. En ce contemple estoit connestable de france messire mouteau de fiennes qui tant fut de grant eage que plus armer ne se pouoit pource escript hastiuement charles le roy de france a messire Bertrand qui deuant toulette estoit que hastiuement deuers luy sen venist le quel escript au roy que en brief temps seroit deuers luy. Mais de ces nouuelles fut le roy henry moult doulent pource q̃ encores ne luy estoit toulette rẽdue. Et a messire Bertrãd dit ha sire seulemẽt par vostre grant renommee et par la doubtance de vous auoye esperance espaigne tenir toute auant que fussent troys moys. Mais par vostre partement bien voy que a peine en pourray plus conquerir. Ainsi disoit le roy henry a messire bertrand lequel pour obeir au roy charles de frãce vult retourner en frãce Et messire Bertrand en reconfortant le roy hẽry luy dist. Sire bien croy que de la mort ne croyent rien ceulx de toulette. mais se par baillãt hostaiges lareceues que qui est vaillant et saige entroit dedens la cite et deuant le peuple exposoit la maniere de la mort du roy pietre a vous se pourroyent bien rendre. Et se croyre ne le veulent que de .xv. iours treues leur soyent donnees pendãt lequel temps ilz pourront enuoyer a ciuille pour en scauoir la verite. Au cõseil de messire bertrand se tint le roy henry q̃ a saufconduit mãda les bourgoys de toulette et le capitaine la traicterent en telle maniere q̄ x. hostaiges a larceuesque baillerent qui en toulette entra. Et y fit p̄dications deuant le peuple. Apres la predication faicte toulette fut rendue au roy henry qui en sa garde receut ceulx de la ville. Et la garde en bailla au capitaine qui de par pietre auoit este mis.

En toulette par famine furent moult greues et par famine y moururēt plus de .xxx. m. personnes Et apres la prinse y festoya le roy hēry messire bertrād et la cheualerie de france qui la estoit. Illec print messire bertrand cōgie du roy henry qui au departir fut moult dolent en luy disant ha sire bertrand comme vous pourray ie Jamais rendre le bien que vous maues fait. Car tāt suis a vous tenu car le royaulme ou seignourie ne aultre biē ay pour vous cest. Et bien vo⁹ puis dire deuant toute la cheualerie qui cy est que se par vous ne fust Je fusse le plus poure cheualier qui soit sur terre. Et pour toutes retribucions que vous scauroye faire Je p̄e au benoist filz de dieu quil le vous vueille rendre. En vous paroffrant mō corps mes biens et tout mon royaulme a vous seruir quelque part q̄l vo⁹ plaira en vous suppliant et requerant tant cōme plus ie puis quil vous plaise tāt faire que le begue de villennes demeure encores vng petit iusques la chose aye p̄ins fin Et ainsi le pria messire bertrād au begue qui moult enuis le fit pource que fort luy desplaisoit laissier la cōpaignie de messire bertrand. ainsi sen partit messire bertrād du roy henry qui moult grans dons luy donna et a tous les cheualiers et escuyers de frāce ausquelz mercia moult fort le roy henry. Et tāt cheuaucha messire bertrād que en la duchie de molins entra. la estoient plusieurs chasteaulx q̄ en rien ne luy obeissoient et en briefz iours les conquist.

Desirant fut moult le roy charles de france et tout le peuple de la venue de messire bertrand pource luy enuoya plusieurs messaiges et au deuāt de luy enuoya messire iehan de baguette qui de par le roy luy dist Sire a vous menuoye charles vostre droicturier seigneur q̄ par ses aultres messagiers et par ses lettres vous a fait scauoir que a luy veniss ez

dont rien nen auez fait et contre
vous est courroucie car quāt de
france partites par son congie
retourner luy promites toutes-
foys quil vous manderoit Et
certes retarder ne vo⁹ deussiez de
vo⁹ en venir pour le grāt biē ql
vo⁹ garde. pour obeir au roy sen
partit bertrand de la duchie de
moulins et deuāt soyre sen vit
et la estoit messire alai de beau-
mont qui le chastel et la ville a
uoit assiegee mais quant deuāt
vint. b. ilz se rendirent a luy a
soire vit le mareschal dātrehā
qui a messire. b. dit que le roy le
mādoit au mareschal respōdit
messire. b. que bien le scauoit et
q̄ pou seiourneroit dedens soire
au departir de soire cheuaucha
messire. b. et son chemin print
par foix. en ce tēps guerroyoit
le cōte darmignac cōtre le cō-
te de foix et en laide du cōte dar
mignac le frere de messire. b. o
liuier du guesclin et a luy se cō
plaignoit le cōte de foix de sō fre
re qui le guerreoyt. de ce lexcu-
sa messire. b. en luy disant que
bien faisoit de seruir le cōte dar
mignac puis que ses deniers a
uoit prins Grandemēt festoia
et hōnoura messire. b. le cōte de
foix qui cheualier fut de grant
vaillance et ensemble sallierēt

cōtre tous excepte le sāc royal.

DEpuis les alliāces
faictes entre messire
b. et le conte de foix q̄
cheualier fut de grant vaillan
ce print messire. b. son chemī par
languedoc la luy furēt enuoyez
les cheualiers et escuiers du pa
ys qui pour sa grāt renōmee se
tindrēt auec luy et a brief tēps
se trouua. m. v. c. q̄ cheualiers
que escuiers en sa compaignie
grāt ioye eust de la cheualerie.
Et son chemin tenant cōmen
ca a guerroier et tāt fit que das
sault print la ville et le chastel
de brādonne la ville de sainct sy
re qui fors furent et biē cloz de
muraille mōtapin le chasteau
de marconnay et plusieurs aul
tres q̄ de par les anglois se te-
noyēt et tāt couru t de luy la re
nōmee par le pais de lāguedoc q̄
de plusieurs villes et chasteaulx
luy furent apportees les clefz
Et les feaultez en receut au
nom du roy charles de frāce en
celle maniere cheuaucha. b. tāt
q̄ par deuers le duc dāiou arri-
ua q̄ la guerre auoit commēcee
sur āglois par leurs tors fais
sur eulx cōq̄roit et biē auoit des
ia conquis sur anglois. xl. cha
steaulx.

DE la venue de messire
l

B, fut le duc daniou moult es iouy et mõlt grandemẽt le hon noura puis prẽt cõgie du duc et tãt ala par ses iournees auec luy le mareschal dãtrehã q̃ a per regort arriua par deuers le cõte q̃ mõlt le hõnoura et fit hõnourer par messire carlerãt son frere de perregort. p̃s de perregort auoit vne abbaye q̃ tenoiẽt ãglois et les religieux en auoiẽt chassiez et leglise ẽparee par icelle esgli se et abbaye estoit la cite de perre gort moult greuee. Et le iour que par deuers le conte arriua messire. ber. ap̃s disner par ma niere desbatemẽt vint deuãt lab baye q̃ mõlt forte fut mais dasfault la print et les religieux y remist puis se retourna le iour a perregort. iller seiourna messire b. pour sa cheualerie refreschir En sa cõpaignie le mareschal dãtrehan oliuier de manny son frere messire oliuier de beaumõt et plusieurs aultres cheualiers et escuyers.

Comment le roy charles enuoya vng messagier a perre gort deuers bertrãd quil vint en france.

La furēt apportees lettres a messire .b. de par le roy de frāce. et hastiuemēt partit le mareschal dautrehan par ordōnāce de messire .b dire au roy charles sa venue dōt grādemēt sesiouit le roy charles

Cy endroit dit listoyre q̄ tāt cheuaucha robert cauole parmy frāce en exillāt et gastāt le pais q̄ deuāt paris se vint logier en lostel de bicestre auecq̄s luy messire thomas de grācō messire hue de courtenay tressōnelle et plus aultres capitaines dangleterre biē estoiēt āglois nōbrez .xxx. m. au roy charles de frāce ēuoyerēt la bataille p̄sēter. dedēs paris estoit le roy charles de frāce auecq̄s luy le duc dorleās son oncle le conte de saict pol de iogny de dāpmartin de sancerre de tancaruille et de briesne messire ichā de viēne le sire de fontaine le sire de sampy messire guichart de chastillō messire hēry de bodene messire robert destoruul et plusieurs aultres cheualiers et escuiers q̄ grās gēs auoyēt amenez pour anglois cōbatre mais dedens paris les fit le roy tous retraire et deffendit q̄ nul nen yssit dont ceulx de paris q̄ grāt desir auoyent dāglois combatre et plus grans gēs estoyent q̄ nestoient anglois mais a batailler ne se voult le roy accorder et en ceste ordōnāce se tit robert cauole deuant paris actēdāt q̄ lon luy liurast bataille. Ung iour aduint que de lost robert cauole partit ung cheualier anglois q̄ par orgueil voua q̄ au portes de paris viendroit sa lance atacher a la porte sainct michel vint le cheualier sa lāce baissee et tout arme Et venant rancontrer ung cheualier francois nōme le sire de languest q̄ de ce estoit aduerti vint contre langlois et leurs cheuaulx frapperēt des esperōs et de telle vertu se rencontrerent des fers des lāces que en troncōs briserent leurs lances puis misrent mains aux espees mais pour le coup que auoit receu le cheual du sire de lāguest Il seeffroya par telle maniere que oncques puis son maistre ne peut approchier langlois et tellemēt que par son desroy fit cheoir sō maistre le sire de languest. quāt lāglois apparceut le sire de languest a terre luy vint courir sus mais fut ce messire arnoul de reneual y vint qui le cheualier anglois abatit de son destrier dont doulent fut la cheualerie anglesse. pour lachoison du cheualier anglois furent angle is

esmeuz de paris assaillir mais
a ce ne se accorderent pas tous
Car bien scauoyent que a pa-
ris auoit.ii.ducz et. viii. côtes
et grant cheualerie auecques le
roy qui voulentiers les eussent
côbatuz si au roy de frāce eust
pleu.

Lystoire racompte q̄ en
peregort laissa messire
bertrand sa cheualerie
et soy.vi. en estat de mescogneu
vint hastiuement deuers le roy
qui pour lacompaignier enuo
ya audeuant de luy messire bur-
iau de la riuiere qui de honneur
sceut moult Et a lencontre de
messire.b. vint.ii.lieues hors de
paris illec dit a messire bertrād
son messaige et grant honneur
luy porta et vng soir arriua a
paris petitement môte et vestu
dune robbe grise et de sa venue
fut le peuple moult esmeu de io
ye et tant q̄ vne fois crierent a
haulte voix noel tout aisi quilz
eussēt fait au roy se de loingtaī
pais fust venu et en leur grant
ioye demenant bien viengne cel
luy par qui frāce sera recouuree
car certes si en france eust este
na pas long temps la cheuale
rie āglesse neust ose approucher
a saict pol vint messire bertrād
par deuers le roy qui moult
grant chiere et honneur luy fit
et en son hostel mesme le fit lo-
gier. Et môlt luy enquist le roy
de son estre et humblemēt sage
noilla messire bertrand deuant
le roy en luy respôdant a ses de-
mādes mais a toutes les fois
le roy le releuoit.le soir fit messi-
re bertrād asseoir a sa table au
soupper. Et pour sa cheualerie
le fit hônourer et grant Joye fut
a la court demenee pour sa ve
nue et lendemain fit son conseil
assembler et le roy deuant tous
parla en ceste maniere.

Seigneurs qui si estez
assemblez vous auôs
pour nous conseiller
sur vng affaire qui le bien lon-
neur du royaulme de nous et de
voz personnes touche et de tous
noz subgectz sēblablement
scaues seigneurs les grans ad
uersitez que en nostre royaul-
me sont venues et par ceulx qui
conforter nous estoyent tenus
auons este guerroyez et noz sub
gectz endommagez en de raisô
bien pouez apparceuoir les an-
glois et diceulx la voulente qui
nostre royaulme guerroyent.
Non côtraictant la paix iuree
a nostre treschier seigneur et pe
re le roy Jehan dont dieu ait la
me et eulx et no⁹ q̄ les accords

avõs tenu sãs enfraidre et fait
avõs ẽuers le roy ãglois et son
filz le priet ce q̃ tenu faire estiõs
Mais en riẽs ne no⁹ ont tenu
ce que pmis et iure no⁹ ont et
pour nostre terre garder nous
fault mener guerre cõtre ãglois
Seigneurs biẽ scavons q̃ en
no⁹ na de force pl⁹ q̃ en vng hõ
me cõbiẽ q̃ par droicte lignee no⁹
soyõs corõnez et soubz no⁹ soit
ou doit estre toute la puissãce
toutesfois sãs vo⁹ ne povõs riẽs
faire en sur q̃ tout prince ne iou
ira de sa terre paisiblement par
puissance si du tout nest en la
mour et au gre de ses subiectz
pource seigneurs ne vulõs riẽs
en nostre royaulme faire q̃ au
gre de vo⁹ ne soit. Vray est q̃ pour
les guerres de nostre royaulme
poursuir et maintenir et cõfor-
ter a lentreprinse de noz anciens
ennemis par le pouoir de nostre
chevalerie no⁹ est necessaire sa
voir vng chevalier loyal de har
demẽt et saige q̃ noz guerres si
maitiẽdra. en grant vieillesse est
cheu nostre treschier et aime cou
sin messire moreau de fiẽnes no
stre cõnestable qui pl⁹ armer ne
se peut pource a no⁹ est advenu
que pour noz guerres mainte-
nir nest chevalier a q̃ lespee fut
mieulx deue q̃ a messire. B. du
guesclin mais cõnestable vou-
lõs eslire a vostre gre cõbiẽ que
de nostre auctorite le pourrions
faire sil nous plaisoit ne de ce ne
fauldrions de riens. Si
respondes sur ce voz plaisirs
La neust duc cõte chevalier ne
bourgois q̃ sa voix ne donast du
tout a. B. Adonc fit le roy ame
ner. B. devãt luy et doulcemẽt luy
dit. amis. B. pour la loyaulte et
hardemẽt de vo⁹ q̃ de chevalerie
estes le plus prisie de tout nostre
royaulme vous vulõs bailler
office ou biẽ pouez vostre hon-
neur exaulcier pource vo⁹ pons
q̃ la connestablerie de nostre ro-
yaulme vo⁹ vueillez prẽdre dõt
descharge soit nostre cousin de
fiẽnes par son grãt eage. hũble
ment mercya messire. B. le roy et
dit. Sire a vostre cõmãdemẽt
obeiray voulẽtiers et biẽ y suis
tenu. biẽ scay que loffice est grãt
et petitemẽt est ẽploye en moy q̃
suis vng povre chevalier mais
en verite sire lespee ne prendray
poit si vo⁹ ne me donez vng dõ
q̃ vostre hõneur ne vostre finãce
nabaissera en riẽs Amis dit le
roy biẽ pouez demãder seuremẽt
ce q̃l vous plaira Car a peine
vous vouldroye de riens escon-
duire. Sire dit Bertrand biẽ
scay que par lennuy et flaterie

qui en court regne tous temps ont eu les princes mal vuloir cōtre moy pour leurs subiectz Et pource vous vueil prier que se de ma personne nul hōme vous est mesdisant en derriere de moy q̄ croire ne le vueillez ne pis ne men soit Jusques atant que autant en aura dit en ma presence. ceste chose debōnairement luy octroya le roy puis print le roy lespee en sa main toute nue Et deuāt luy fut messe. ber. a genoulz qui lespee receut et baisa le roy messire. b. en la bouche et le leua.

Apres ce que messire. b fut receu connestable luy bailla le roy mille cinq cens hōmes darmes payez pour. iiii. moys mais pou de compte en fit messire Bertrand ains dit au roy sire cuydes vous que de si pou de gens puissons combatre tout le pouoir des anglois et bien trouueray gens asses si du vostre voulles despendre dont asses et largement auez la dieu grace Amis dit le roy ie ne vous loue point que les anglois combatez en tournee mais auez asses gens pour les ardoyer et tenir court Et sur eulx pouez assez gaigner Au roy respōdit messire bertrād a grant reprouche me deuroit estre tenu se deuant moy veoye venir voz ennemis et chief suis de voz guerres me despartoye sans assembler a eulx. Aultre chose nen peut auoir messire bertrand a celle foys. ainsi sen partit moult dolent et sa semonce manda a caen en normandie la vindrēt a luy le sire de clisson le viconte de rouan le sire de raiz le mareschal dantrehan messire Jehan de vienne messire oliuier du guesclin le cōte dalencon le conte du perche qui pour la venue de messire bertrād firent grant appareil.

A Caen en normandie vint messire bertrand qui des contes dalencon et du perche qui freres furent fut moult honnoure et honnourablement receu et de toute la cheualerie. En actendant gens darmes a venir seiourna messire bertrand a caen et la manda sa femme quelle y vint et tous ses ioyaulx et sa vaisselle apportast. grant desir eust la dame de son seigneur voir et a brief terme vint a caen en grant arroy ou bien fut receue de la cheualerie et des bourgois. de sa venue de la dame fit messire Bertrād grant appareil pour la cheualerie festoyer Et tint court pleniere. la fut la vaisselle de bertrand regardee de to⁹ car merueilles fut de la veoir et en espaigne lauoit gaignee de toutes pars vindrēt gēs darmes a caen et en brief temps y vindrent plus de troys mille pour le grant nombre de gens darmes qui estoyent a caen venus et de iour en iour croissoyent vint messire oliuier de clisson a messire bertrād et luy dit sire a vostre affaire regardez grāt nombre de gens sont ycy assēblez et du roy nauez argēt fors pour mille cinq cens hommes darmes. beau frere dit bertrād vray est que du roy nay denier fors pour mille cinq cens hōmes darmes mais si dix fois autant en venoit tant que la vaisselle et les ioyaulx de ma fēme dureront Ja homme nen sera refuse qui a gaige ne soit receu et paye car par tieulx refus sont venuz les pilleries et compaignies en france Et se a present employe ma vaisselle pour le roy seruir aultre foys la me rendra.

En la ville de caen fit messire bertrād sa mōtree et bien trouua la. iii. mille hommes darmes et adoncques engaiga toute sa vaisselle et to⁹ les gēs darmes souldoya puis partit et au chastel de vire ala. bien sceurēt āgloiz q̄ a caen faisoit messire. b. grāt assemblee et pour surs se tenoyēt dauoir bataille puis q̄ connestable estoit tenu messire. b. pource deuers luy ēuoierēt vng herault q̄ par les āglois salua messire. b. et dit sire a vo⁹ viēs de par thomas de grācō hue de courrelay tressonnelle dauid olegrefue et geffroy orcelay q̄ au pōt vallai se tiennēt biē scauēt q̄ nouuel estez retenu connestable de france dōt estez biē digne et pource vo⁹ requerēt q̄ au cōmēcemēt leur vueillez la bataille accorder et iournee et place en prendre et bien scachiez mōseigneur q̄ si vo⁹ leur refuses a vo⁹ viēdrōt ou q̄ vous soiez q̄ grāt hōte vo⁹ seroit. doulcemēt respōdit mes$\bar{p}$e. b. au herault et dit a voz maistres me recōmādercs et biē leur dictes q̄ briefmēt auront de mes nouuelles et puis q̄ si grant desir ont dauoir bataille ilz nōt garde q̄ ie leur faille et bien leur pouez dire que Jen suis pl⁹ voulēteux q̄ eulx. de bōs p̄sēs donna messire. b. au

herault et le fit festoyer et large
ment beut le herault et tãt yure
fut q̃ yure se coucha et le soir se
partit de vire a la nuytee tãtost
q̃l eust parle au herault a tout
sa cheualerie aux q̃lz mõlt des-
plaisoit car le tẽps obscur estoit
et telle chose nauoient guieres
acoustume et de plouuoir ne
fina toute la nuyt dont plus
cheuaulx furẽt perduz qui du
seiour partoyent. son chemin
print messire bertrand vers le
mans Et vng messaige en
uoya au chastel du lair par de
uers messire iehan de bueil qui
scauoir luy fit que de plusieurs
forteresses sestoient anglois as
semblez enuiron pont valain
Et leur chemin prins auoyẽt
droit a labbaye de champai-
gne. Car la estoit cauole Et
illec actendoyẽt la bataille sil
y auoit qui cõbatre les voulsist

Qvant messire Ber-
trand sceut que pres
du pont valain estoyẽt
anglois assemblez conduisit
sa cheualerie hastiuemẽt Et
celle nuyt faisoit messire Ber
trand lauangarde auec luy
messire oliuier de manny son
frere messire oliuier de beau-
mõt Et en sa bataille auoit
cinq cens combatans mais si
hastiuement cheuauchoit que
suir ne le pouoient ses gens ai
cois estoiẽt par routtes et trou
peaulx et assembler ne se pou
oient pour lobscurte de la nuyt
Tant cheuaucha messire ber
trand que au point du iour de
pont vallain approucha et en
tour luy regarda ne de to⁹ ses
gẽs darmes ne trouua que en
uiron deux cens. a pie fit messi
re Bertrand ses gens descen-
dre et robbes secourre q̃ de pluie
estoyent moillees a celle heure
passa la pluie et a leuer se print
le soleil et le temps se reschauf
fa dõt frãcois se resiouirẽt lors
messire. Ber. et sa cheualerie
monterent a cheual et tant che
uaucherẽt que anglois appar
ceurent en vne valee qui logier
se vouloyent. Ses coureux
enuoya messire Bertrand de
uant qui les anglois appar-
ceurent et bien les nombrerẽt
a huit cens cheualiers et escu
yers Apres fit messire Ber-
trand ses gens descendre en or
donnance de bataille et tous
iours luy creurent gens. daul
tre part fut messire thomas de
grãcõ q̃ ses batailles ordõna et
mõlt furẽt ãglois esbais quãt

frãcoys virent en ordonnance
Et bien dirent que bien matin
sestoit leue. B. car si tost ne les
cuidassent auoir en ordõnance
biẽ serrez tout a pie. adonc parti
rent les batailles les vngz con
tre les aultres a lassembler fut
de grãs froissars de lances et lon
guement des lances se cõbati-
rẽt et entrer ne pouoiẽt les vngz
dedẽs les aultres puis prindrẽt
francois des haches et tãt firẽt
q̃ dedẽs anglois entrerẽt la eust
bataille fiere et merueilleuse car
hardimẽt se deffẽdirẽt angloiz
et nõ pourtant a lassembler en
morut biẽ. ii. c. mais la batail-
le rẽforsa messire thomas de grã
con q̇ en criant son enseigne fie
remẽt assembla cõtre frãcois et
tãt fit darmes q̃ merueilles fut
a veoir. a celle heure furẽt mõlt
greuez frãcoys mais briefmẽt
vĩdrẽt le mareschal dãtrehã le
cõte du perche messire iehã de viẽ
ne messire oliuier de clissõ atout
vii. c. cõbatãs et renforcerẽt les
batailles des frãcois et mõlt fie
remẽt ẽtrerẽt es batailles des ã
glois q̇ en pou de heure furẽt des
cõfitz. la furẽt prins messire tho
mas grãcon dauid olegrie fut
horcelay et plusieurs aultres che
ualiers et escuiers ãglois. sur le
point de la desconfiture arriua
messire hue de correlay a. iiii. c.
lances mais en la bataille nen
tra point aĩcoys se retrahit de la
bataille et eschappa tressõnelle
q̇ en labbaye de vas se retrahirẽt
la cõduisoit messire. b. sa cheua
lerie. A vas se retrahirẽt et das
sault lauoient pris. et deuãt ris
le ẽuoya messire. b. ses coureux
mais de la sestoyẽt partis an-
glois et le lieu desampare auo-
yent et plusieurs aultres places
et chasteaulx desampares. quãt
ilz sceurẽt la descõfiture du põt
vallain en labbaye de sainct
mort sur loyre se retrahirẽt tres
sonnelle et plusieurs aultres ã
glois q̇ leurs forteresses auoiẽt
laissees car moult fut forte lab-
baye et grant garnison dãglois
y eust.

APres la bataille du
põt vallai et la prise de
vas se retrahit messire. b. et sa
cheualerie a saumur forte ville
et biẽ seãt illec se refreschirẽt et
vng iour cõpta messire. b. au cõ
te du perche les grãs vaillãces
q̇l auoit veu faire en espaigne a
tressonnelle q̇ de la bataille du
põt vallain fouy sen estoit et en
labbaye de saict mort sur loyre
estoit retrait et pour saict mort
conq̃rir furẽt a cõseil messire. b
le cõte du perche et la cheualerie

par deuers tressonnelle enuoia
messire. B. vng herault par sauf
cõduit et luy mãda quil vit par
deuers lui a saumur. la traicta
tant messire. B. a tressonnelle q̃
a certain iour pmist rẽdre lab-
baie de sainct mort et le traictie
quil auoit fait racõpta aux an-
glois et vne nuyt auant le iour
q̃ accorde auoit tressõnelle lab-
baie rẽdre chargerẽt ãglois tou
tes les richesses q̃ y furẽt et yssãt
de labbaye y bouterent le feu et
toute labbaie ardirẽt puis sen
alerẽt a bressure. les nouuelles
furẽt apportees a messire. B. qui
mõlt doulẽt en fut. et tantost le
fit sçauoir au sire de clissõ pour
ce se partirẽt messire. B. le conte
du perche le mareschal dãtrehã
le sire de clissõ messire iehã de viẽ
ne messire alaĩ de beaumõt mes
sire guy de bayeulx tournemine
carlonet labbe de male paie mes
sire oliuier et son frere et messi-
re iehã du bois messire guillau
me boitel et plusieurs aultres
cheualiers et escuyers q̃ en armes
cheuaucherẽt iusq̃s a bressure de
puis saumur et tãt approuche
rẽt frãcois q̃ pres de bressure les
aconceurẽt et plusieurs en occi
rent dont plus se hasterẽt ãglois
dentrer en bressure et de dessus
le pont en chait plus ẽs fosses
q̃ noyes furent. Quant ceulx de
bressure apparceurent le grãt
peuple q̃ en leur ville ẽtroit dõt
leurs viures pouoyẽt abaisser
et biẽ pẽsoyẽt q̃ de frãcoys sero
yẽt assieges pource furẽt mõlt
destrois et doulens nõ pourtant
illec furent anglois tous mors.

En ce tẽps se retrahit ro
bert canolle atout ce q̃ de
mourer luy estoit dãglois
vers les marches de bretaigne et
quãt a si pou de gẽs se vit de dẽs
le chastel derual se retrahit il-
lec donna congie robert canolle
aux ãglois q̃ biẽ furẽt nõbres
de. viii. c. lãces et leur chemi pn
drẽt droit a saint maieu de fine
poterne. du partemẽt des ãglois
sceut briefmẽt nouuelles le sire
de clissõ q̃ par le gre de messire. B
en sa cõpaignie le vicõte de rou
en le sire de raiz carlõnet messire
iehã de rochefort messire iehã de
beaumõt et plusieurs aultres
cheualiers de france qui bien e-
stoient nombres a douze cens
lãces qui par bretaigne cheuau
cherent en poursuiuãt anglois
Et tãt se hasta le sire de clisson
ainsi cõme se hastoient ãglois
et appareilloiẽt pour entrer en
vaisseaulx en mer au port de
sait maieu pour passer en ãgle
terre frãcois arriuerẽt sur eulx

q̃ lẽtree leur deffendirent. la eut grãt escarmouche et mõlt furẽt ãglois endõmagiez. quãt messire robert de neufuille le chief des ãglois apareceut q̃ passer ne pouoit briefmẽt fit les ãglois retraire et mectre en ordõnãce de bataille et tãtost se assẽblerẽt cõtre ãglois q̃ en grãt deffẽse se tindrẽt mais en la fi furẽt ãglois descõfiz et sur le chãp furẽt occiz. iv. c. anglois et en celle bataille fut p̃ns messire robert de neufuille le q̃l le sire de clissõ ẽuoya a messe b. q̃ sur les marches de poytou se tenoit et de la victoire du sire de clissõ demena grant ioye et tous iours cõqueroit sur anglois.

Comment les anglois vouloyẽt trahir la rochelle.

Au tẽps que deuãt fait maieu furẽt frãcois de par le prince de gales le captal estoit auec thomas de felleton a tres grant nombre danglois qui cõtre messire. b. gardoyẽt les passaiges de guiẽne mais a des cheuauchoit messire. b. qui de nuyt et de iour cõqueroit villes et chasteaulx en guiẽne et garnir les faisoit puis se retrahirent a saumur pour la cheualerie refreschir car bõne ville et biẽ delictable y auoit. et

pource q̃ cõtre messire. B. le duc de
lãcastre et sa cheualerie ãglesse
ne pouoient contrester enuoia le
duc de lancastre par deuers
edouard son pere pour auoir se
cours q̃ le conte de pennebroth
luy enuoia a tresgrãs gẽs par
mer Et estoit ainsi ordonne
par le roy edouard que a la ro-
chelle descendroient pource quel
le estoit anglesse et vne iournee
ordonnerent de prẽdre tous les
bourgois et mectre au chastel

Et puis les enuoier en an-
gleterre et la ville peupleroient
danglois pour la quelle chose
faire auoit baille le roy edward
grant garnison de gresillõs biẽ
enfonces en tõneaux qui es na
uires furent mis. Mais dieu
qui tout scet et voit les retarda
de leur ꝑpos car de ce sceurent
nouuelles les bourgois et les
marchans q̃ dedens la rochelle
ne laisserent les anglois entrer
ne le cõte de pẽnebroh aincoys
demoura sur le port en sõ naui
re En ce tẽps auoit fait mectre
le roy hẽri tresgrãs nauires des
paignolz sur mer qui le cõte de
pẽnebroh trouuerẽt sur le port
de la rochelle Et illec sur mer se
cõbatirẽt et le pridrẽt ne de tous
les nauires dãgleterre q̃ deuãt
la rochelle estoiẽt nẽ eschappa q̃
iiii. vaisseaulx qui par les espai
gnolz furẽt poursuys et prins
deuant bourdeaulx et noyez de
dens la mer.

Tant nagerẽt par mer
espaignolz apres la ꝑn
se du cõte de pẽnebroh
auecques tous leurs prisõniers
que en espaigne retournerẽt au
port de saint andre et la trouue
rent yuain de gales qui moult
hayoit le conte de pennebroh et
mõlt fit grant debuoir de trai
ter du conte auoir mais finer
nen peut et atant se tait listoyre
du conte de pennebroh et des es-
paignolz. Et aussi de la trahi
son que cuyderent faire ãglois
a ceulx de la rochelle et despuis
en ãglois ne se fierẽt ains yma
ginerent de iour en iour retour
ner en lobeissance de france ou
naturellemẽt leur cueur se trait
sicomme lystoire racomptera
ca en auãt et retourne aux faiz
de messire bertrand.

En ce parti dit lystoire
que de la desconfiture
du conte de pẽnebroh
et des anglois sceut briefment
nouuelles le roy charles de frã-
ce la defience que eurent ceulx de
la rochelle ẽuers les ãglois et le
bõ vouloir q̃lz eurẽt de retourner

en son obeissance pource māda a messire bertrā qˉ a luy venist a paris. Et illec bailla grans gēs le roy pour la rochelle assieger.

Par la voulēte du roy charles se partit messire bertrand de paris en grant arroy et a grans gens vint la rochelle assieger. par devers edoard envoyerēt ceulx de la rochelle querir secours qˉ leur promist briefuement faire. Et pource envoyerent ceulx de la rochelle qˉrir treues par devers messire bertrā mais accorder ne leur voult aincoys commāda a coupper les vignes de la ville et tout entour. dont grant destresse eurent ceulx de la ville et tant traicterēt que parmy payant .lx. mille frās leurs vignes ne fussēt poīt couppees aīcoys pindrent terme deulx rendre se dāglois navoiēt secours. En ce contemple manda le captal bataille a messire bertrand qui la luy accorda. Et sur le chāp se mist en ordonnāce de bataille actendant au iour que accorde avoit la bataille le captal y faillit. pource partit messire .b. et sa chevalerie et son exmi pnt vers france. et briefuement luy vindrēt nouvelles du duc loys de bourbon qˉ pour estre a la prinse de la rochelle venoit de france hastivement a grans gēs. cōtre le duc loys venoit messire .b. avec la chevalerie. pres de la rochelle seoit ung chastel lequel tenoyent anglois La adressa le duc ses hostz par le conseil messire .b. et appertement firent le chastel assaillir qui gueres ne demoura. et par force fut prins dassault et de frācoys fut garny. Et puis adoncques le duc et messire bertrand retournerent en france. Et atant se taist lystoire du duc de bourbon et de ber. et du siege de la rochelle et racompte de la mort de chandoz qui dangloys fut tant prise de chevalerie.

¶ Comment carlonnet cōbatit chandoz au pont de lussat.

Listoyre dit que les guerres durans le prince de gales se tenoit a poytiers. et messire iehan chãdoz a grant effort dangloys. Et par le roy de france se tenoit a la roche de posay carlõnet escuyer de renõ q̃.l. lãces de frãcoys auoit Souuẽt yssoit messire iehan chandoz et anglois de poitiers et couroiẽt deuãt la roche de posay a grãs gẽs et pou y exploicta. Si aduit vne iournee q̃ de la roche de posay sen partit carlõnet atout .l. hõmes darmes et .xviii. archiers. et dedẽs poytou ẽtrerẽt et coururẽt et forragerẽt le pais et prindrent bestes et p̃sonniers a grant effort. de ceste chose sceut tãtost nouuelles messire iehã chandoz q̃ de poytiers yssist a .iii. cẽs lances et biẽ hastiuemẽt poursuiuit carlõnet iusq̃s a la riuiere de vienne q̃ ia lauoient passee auec le pillage et les p̃sõniers. de lautre part de la riuiere estoit messire iehã chãdoz q̃ de poitiers yssit q̃ carlonnet et les aultres frãcoys veoyent enmener les forrages et p̃sonniers. biẽ apparceut carlonnet q̃ gẽs nauoit pas pour chãdoz combatre et bien veoit que bien se hastoient anglois pour

trouuer passaige si ordōna car
lonnet que au pōt de lussat se re
trairoyēt ses gēs et luy pour le
passaige garder. Et tandis en
uoierēt les prisōniers et pillage
a la roche de posay. En ceste
maniere gouuerna carlōnet son
fait. et au pōt de lussat arriua de
uāt anglois. Tātost q̄ au pont
fut arriue carlonnet sur le bout
du pōt mist ses gēs en ordonnā
ce deuant le front de la bataille
mist ses. xviii. archiers q̄ leur
trait ordonnerēt. et en ce pōt ar
riua messire iehan chādoz q̄ tā-
tost en regardāt le pouoir car
lōnet q̄ sur le bout du pōt estoit
desploye. Et en regardāt lordō
nāce des frācoys et de carlonnet
qui en tout ne furēt q̄. l. hōmes
et. xviii. archiers loua mōlt car
lonnet de grāt vaillance en tāt
q̄ contre trois cēs lances se te-
noit et mectoit en ordōnance de
cōbatre. Quāt chandoz eust vi
site lordonnāce des frācoys ap-
pertemēt fit ses anglois ordon-
ner et tous en bataille rengier.
Et de pie a grant nombre dar-
chiers vint chādoz assēbler au
front de la bataille cōtre carlon
net q̄ asp̄mēt se deffēdirēt assa
illāt āglois. et pou dura le trait
puis cōbatirēt de lances sur le
bout du pōt q̄ francoys tindrēt
en grāt arroy et sur eulx ne pou
uoiēt anglois entrer. Mais en
moins. xxx. a lassembler dont
anglois cōmēcerent vng peu a
eulx retraire et lassault fit chā-
doz cesser et enuoya vng herault
a carlonnet q̄ de par sō maistre
le salua et luy dit. sire a vꝰ mē
uoye messire iehā chādoz cōne
stable dāgleterre q̄ est cy deuāt a
tout. iii. cens hōmes darmes et
en vostre cōpaignie nauez q̄. l.
hommes darmes et. xviii. ar-
chiers. biē pouuez pēser sire que
cōtre messire iehan chandoz ne
pouez loguemēt lestour ēdurer
fornir ne soubstenir. Et bien
scaichez q̄ dicy ne partira ius-
ques a sa mercy soyez. et pour
ce q̄l luy sēble q̄ assez auez fait
vostre deuoir pour le bien de vꝰ
et de voz cōpaignōs vous veult
faire courtoysie telle q̄ si a luy
vꝰ voulez rēdre q̄ qui par le re-
gart de cheualerie deuroit payer
cent florins sera quicte pour la
moitie. au herault respōdit car
lōnet et dit. amis a messire iehā
chādoz me recōmāderez et en le
saluant de par moy luy direz q̄
sa voulente et loyaulte q̄l ne me
vouldroit chargier ne aultre de
chose q̄ deust tourner a reproche
et endroit moy ne voy cy en ces
offres en mon affaire q̄ a mon
honneur peust tourner. Bien scet
messire iehan chandoz que sur

nous q̄ pouures gens sommes ne peut grãdement acq̄rir pour ce amy vous luy dires q̄ se par courtoisie se veult partir debonnairemẽt le verray aler. mais a ce q̄l nous requiert ne nous rendrõs iamais ne ne serons dacort. car par le gre de nostre seigneur garderõs biẽ nostre place. ceste responce rapporta le herault a chãdoz qui grant dueil en eust et en sa cõpaignie estoit le sire de mortemer q̄ moult requist chandoz q̄ congie luy voulcist dõner de francoys assaillir ceste req̄ste luy accorda chandoz et appertemẽt assẽbla le sire de mortemer cõtre francoys q̄ biẽ le receurẽt et tãt furẽt anglois greuez a lassẽbler q̄ a retraire se cõmẽcerẽt et plusieurs en y eust de ceiz. et moult fut doulent chãdoz que les gẽs du sire de mortemer reculoyent Et pource tantost partit atout sa bãniere desployee. et de grãt hardemẽt vint assembler contre carlonnet qui sur le bout du pont maintenoit lestour en faisant ses cris darmes. La eust estour fier et merueilleux et molt furẽt frãcoys greuez a la venue de chandoz. Quant frãcoys qui au dernier bout du põt furẽt apparceurent que sur eulx tournoit la descõfiture appertemẽt enuoyerẽt par deuers leurs varles q̄ a la roche de posay menoient le bestial. et sauoir leur firent que a leur secours venissent et hastiuement retournerent les varles qui sur le point de la desconfiture trouuerẽt leurs maistres. et pource q̄ armez nestoiẽt prĩdrẽt de gros caillos en leurs girõs et tant firẽt que oultre la bataille passerent et contre anglois prindrẽt tellemẽt a getter que reculer les firẽt. Quãt chãdoz apparceust anglois reculer en luy neust que courroussier. et courageusemẽt cõtre francoys adressa sa bãniere moult puissamment. et tant fit darmes carlonnet q̄ prise en fut. dauttre part fut guillaume de launoy qui le penõ carlonnet laissa pour mieulx soy cõbatre et de sa maniere fut moult prise de la cheualerie anglesse. et tant alla auant q̄ la banniere de chãdoz abatit. ainsi se contindrent francoys contre ãglois q̄ moult furẽt greuez et moult dura la bataille longuement. la fut chãdoz naure a mort. mais en la fin fut carlonnet prins et francoys desconfiz et le bestial et prisonniers recours.

Du pont de lussat partit chandoz et toute sa cheualerie et a poitiers enuoya les prisonniers excepte carlonnet quil fit mener a mortemer pres dillec. mais a chan

uigny alla chandoz qui au lit de
la mort accoucha dōt grāt dueil
demenerēt āglois. auec messire
iehan chandoz estoit son frere q̇
moult luy enquist q̇ aisi frappe
lauoit. debonnairemēt respōdit
chandoz. beau frere il nen cōuiēt
point enquerir car de mieulx ne
mē peut estre. tant fut chandoz
prie de son frere q̄ il luy dit q̄ vng
escuyer auoit ce fait. vestu dung
noir iaq̄s couuert de clochettes
dargēt. desirant fut le frere chan
doz de lescuyer auoir et pour les
chābres le fit querir pour loccire.
mais de ce sceut nouuelles lan-
glois q̄ lescuyer tenoit en ses pri
sons. et a lescuyer fit tourner son
iaques a leuers pource fut descō
gneu. et guieres ne demoura q̄
dedēs chauuigny fina chādoz ses
iours q̇ tant ayma sa cheualerie
Apres la mort de chandoz fut
carlonnet mis a ranson a trois
mille florins q̄ les bourgoys de
tours payerēt car mōlt laymoy
ent. et par raison furēt les aultres
deliures. dedēs la roche de posay
retourna carlōnet q̇ ioyeusemēt
y fut receu. et guieres ny seiourna
Et tāt pourchassa q̇l assembla
grās gēs. et sur anglois courut
ou mōlt gaigna sur la saison dy
uer se tit carlonnet a la roche de
posay et souuent courut sur an-
glois et moult les guerroya. car
par nuyt et par iour cheuauchoit
q̄ de luy ne se prenoiēt garde les
anglois tant q̄ deuāt leurs forte
resses le veoiēt. si aduit vne iour
nee q̄ deuāt chastelleraut vit car
lōnet q̇ loig de la ville fit descēdre
ses gens a pie et leurs cheuaulx
laisserent et tout de pie vindrēt
francoys sās noise faire sur les
fossez de la ville de chastelleraut
a celle heure estoit le guet endor
my. et biē lapparceust carlōnet
par le guet du chasteau q̇ biē sou
uēt crioit au guet de la ville que
ilz fissent bō guet. mais nul ne
luy respōdoit. adōcques descēdi-
rēt carlonnet et tous ses gens de
dēs les fossez. et tant firent q̄ le
palis dōt estoit la ville close ap
prochērēt et le pridrēt a coupper
dōt le guet se resueilla q̇ lors com
mēca a crier alarme. Apperte
mēt vidrēt ceulx de la ville a car
lonnet q̇ mōlt le greuerēt. mais
tāt se cōbatirēt que par force das
sault conquirēt la ville ou mōlt
eust de richesses. mais toute fut
pillee. et mesmemēt les eclumes
et les marteaux et les meules des
molins porterent vēdre par la
riuiere de vienne.

En ceste maniere chastel-
leraut fut cōq̄s par car-
lonnet q̇ le lendemain fit
le pont assaillir q̇ mōlt fut fort
et dedēs se tenoit messire loys de
harecourt viconte de chastelle-
raut q̇ biē fut acōpaigne dāglois

et le pont bien deffendit qui dedens la riuiere de Viẽne estoit assis et bien estoit bertrachie. Et pource ne peurẽt francoys mesfaire du couste deuers la ville pour les nouuelles de la prise de la ville vindrent a carlonnet frãcoys de tous coustes. et tãt q̃ a brief terme se trouua a biẽ .ii. mille hommes darmes dedens chastellerault. adonc fit carlonnet assembler plusieurs vaisseaulx et dedẽs la Viẽne sen entrerent partie des frãcoys q̃ au pie dune tour qui sur larche du pont estoit fondee vindrẽt a piques et a oiaulx commẽcerent la mine. Et daultre couste de la mine auoit frãcoys qui anglois assailloient. et durant lassault minerẽt tant francoys q̃ la tour firẽt cheoir dedẽs la Viẽne dont moult fut esbahy messire loys de harecourt et aussi les anglois qui auant que la tour cheist se retrahirent en vne aultre tour au bout du põt vers poitiers. et ẽtre frãcoys et eulx firẽt le pont rõpre dont peu les peurent greuer francoys dillec en auant.

AV contemple que se tenoit a chasteaullerault carlonnet qui grant appareil faisoit pour la tour du pont assaillir cõquirẽt anglois au pais dauuergne la ville dusson qui forte est de leritaige du duc de berry et dauuergne frere du roy charles de france. pource ordonna le roy a messire ber. q̃ deuãt vsson yroit. et ceste chose se fit scauoir aux duez de berry et de bourgoigne ses freres qui a blois vindrẽt. et la leur ẽuoya le roy messire ber. qui carlonnet et les aultres capitaines qui dedens chastellerault estoiẽt et plusieurs aultres gens darmes de plusieurs aultres cõtrees. pource se partit carlonnet qui la ville de chastellerault laissa garnie. et a blois vindrẽt luy et les capitaines qui trouuerẽt la lassemblee. Tant manda messire ber. gens darmes de toutes pars q̃ dedens blois se trouuerent bien xii. mille combatãs. Adõc sen yssirent gens q̃ tant cheuaucherẽt par leurs iournees q̃ deuant vsson arriuerent et la ville assiegerent de toutes pars. Et par lordonnãce de messire ber. fut la ville assaillie de toutes pars. et tant firent francoys que leaue tollurẽt aux anglois et les fossez amplirent de fagoz. Quant frãcoys eurẽt les fossez amplis bien hardiemẽt approcherẽt la muraille et en plusieurs lieux

la renforca lassault dur et mer-
ueilleux qui tāt dura q̄ la nuit
fut obscure dont les ducz firent
francoys retraire en esperāce de
recommencer lassault le lende
main. mais icelle nuyt nega par
telle maniere que plus de cinq
piez fut la nege de hault. ne len-
demain ne peurēt de nulle part
viures venir en lost. Ains par
destresse de fai et de froidure leur
conuint le siege leuer. et en leurs
contrees retournerent francoys
dōt plusieurs en celle voye mou
rurent de pourete.

Au renouuel du temps
apres le retour de vssō
se assēblerēt dedens ber
ry les ducz de berry et de bourbō
le cōte de la marche. le sire de sul
ly. les sires de courtenay et de
chalenson. le viconte daunoy et
plusieurs aultres seigneurs q̄
biē se trouuerent a. vi. mille hō-
mes darmes et dedens le pais
de guienne eurent voulente den
trer. Ceste chose fit scauoir le
duc a messire bertrād et luy mā
da quil alast ou le roy le mande
roit. Et ainsi par la voulente
du roy il ala mettre le siege de
uant saincte seuere et a luy yroit
a brief terme. de toutes pars mā
da ber. gēs darmes qui tant fit
q̄ en brief tēps eust grās gens.
En sa compaignie fut le ma-
reschal de sancerre. messire oli-
uier de clysson messire oliuier et
alain de maugny alain et iehā
de beaumōt le sire de raiz le sire
de rochefort le sire de hauuādore
le sire de rochegriō le viconte de
rouhen le gouuerneur de blois
le bastard des landes et plusi-
eurs aultres cheualiers et escuy
ers. A messire bertrand enuoya
le duc phelippe de bourgoigne
grant cheualerie au secours de
son frere le duc de berry lesqlz
il bailla a conduyre au sire de la
trimoille qui bō cheualier fut et
vaillant.

Comment bertrand vint
au secours du sire de clysson.

SOn chemin print mes
sire.B.droit a saīcte seue
re et tant cheuaucha a-
tout sa cheualerie ql̄ arriua a sau
mur.la fut.B.cōseille de mōcōp
tour assieger.et mōlt greuoient
les garnisons dāglois q̄ dedens
estoiēt le pais de lodunoys et de
saumur: deuāt mōcōptour ēuoya
messire.B.oliuier de clyssō a .iiii.
cēs lances:et le chastel assiega le
ql̄ par plusieurs foys le fit as-
saillir et mōlt y fut blecie dōt iu
ra q̄ iamais dillec ne partiroit
iusq̄s a ce q̄ le chastel auroit.sou
uēt le fit assaillir et bien fut assie
ge tāt q̄ de nulle part ne pouuoy
ent anglois viures recouurer. de
dēs mōcōptour estoit tressonnel
le et plusieurs capitaynes dāgle
terre.en leur cōpaignie estoit vng
cheualier auql̄ messire Ber. estoit
obligie par certaine somme de de
niers par sa lectre et paye ne la-
uoit pas a sō terme.si se pēsa le
cheualier āglois de luy faire vne
hōte q̄ depuis luy tourna a grāt
douleur.deuāt la barriere de mon
cōptour fit lāglois rēuerser et pē
dre les armes de messire.B.en ma
niere q̄ du siege les pouuoiēt veoir
francoys dont moult despleust
au sire de clysson qui de plus en
plus fit son siege rēforcier et le
chastel assaillir et mōlt batit dē
gis. Et en tel party q̄ ilz nespe-
roiēt de nul auoir secours. bien
sceurēt āglois de plusieurs for-
teresses la grāt destresse dāglois
q̄ a moncōptour estoyēt pource

sassẽblerent de plusieurs garni
sons de villes et de chasteaulx
pour le siege de moncomptour
leuer et bien se trouuerẽt a. xii.
cens anglois.

D(s)Roit a saicte seuere cõ
duisoit messire. B. ce q̃
de gẽs luy estoit demou
re et biẽ sceut q̃ ãglois se assem-
bloient pour combatre le sire de
clysson q̃ riẽs nẽ scauoit. pour-
ce p̃nt messire. B. son retour et de
nuyt et de iour cheuaucha en tel
le maniere q̃ deuãt mõcõptour
arriua auãt ãglois q̃ pour sa ve
nue se retrahirẽt et a leur enpri
se faillirẽt du tout entout. Tã-
tost q̃ deuãt mõcõptour fut arri
ue messire. B. sa trõpette fit son-
ner pour le chastel assaillir dõt
desplaisoit a ses gẽs q̃ trauail-
lez estoiẽt et ce nõ cõtraictãt fit
lassault commẽcier fier et mer
ueilleux. Et sur anglois fut la
basse court gaignee dassault.
Adõc anglois se retrahirẽt en
la grosse tour. et tãtost traictie
rent le chastel et eulx rẽdre a la
mercy de messire ber. et briefue
mẽt vit aux ãglois le sire de clys
son q̃ le cheualier ãglois leur de-
mãda q̃ pẽdu auoit a la reuer-
se les armes de messire. B. et cõ
uit q̃ les ãglois le liurassent ou
aultremẽt les eust to⁹ faiz mou
rir. quãt messire oliuier le tint
appertemẽt le mena en la place
ou il auoit les armes de messire
ber. pẽdues a rẽuers et illec le pẽ
dit luy mesmes de sa main puis
se despartit le siege et a loudun
fut mene le sire de clyssõ q̃ en las
sault auoit este blecie dung trait
mais de moncõptour se partit
messire. B. et le chastel garnist. et
son chemin print luy et son host
vers saincte seuere. la arriua a
ung iour de samedi dõt ioyeulx
furẽt les ducz de berry et de bour
bõ q̃ le siege tenoiẽt. et pour sa ve
nue furẽt to⁹ ceulx de lost cõfor
tez. et de toutes pars vidrẽt vi
ures au siege. si aduit une iour
nee q̃ au long des fossez aloiẽt
et se esbatoient geoffroy payen
messire guillaume boytel et aul
tres cheualiers et escuyers de nõ
pour la ville aduiser. Et en sa
main tenoit geoffroy payẽ une
hache et au droit dune tour se ar
resta en sappuiãt sur son hache
dessoubz son esselle. Et sur le
bort de la doue si comme il sen-
troublia la terre du bort de la
doue fondit soubz la hache dõt
luy eschappa et cheist sa hache
au fons du fosse. pour sa hache re
couurer requist geoffroy aux an
glois q̃ dedens les fossez le lais
sassent entrer. mais a seurte ne
luy vouldrẽt accorder. Tant de
sira geoffroy sa hache auoir q̃
xiii. cõpaignõs armez assẽbla
q̃ main a main sentreprindrent

pour ētrer es fossez.et deuāt fut
geoffroy q̄ par les aultres deuoit
estre tire quāt sa hache auroit.
Et en ceste maniere entrerēt es
fossez iusques a. xiii. q̄ main a
main sentretenoiēt. Quant an
glois apparceurēt la descendue
atraire se prindrēt.mais tāt fi-
rēt geoffroy payen et ses cōpai
gnōs q̄ sa hache recouura. En
lost des frācois vindrēt nouuel
les q̄ dedēs les fossez estoiēt frā
coys descēduz et lassault encō-
mēcie pource accoururent gens
darmes de toutes pars et sans
le cōgie des pīces lassault encō
mēcerent. A celle heure estoient
les princes a leur disner assiz.et
quāt lassault fut cōmencie et q̄
nouuelles en eurēt en leurs ten
tes ne demoura table q̄ par ter-
re ne fut geetee et ce que dessus
estoit. En ordōnāce et en armes
vindrēt les ducz de berry dau-
uergne et de bourbō. le cōte de la
marche et messire.b. sur les fos
sez et leurs bannieres furēt des
ployees et lassault rēforcie. tāt
fit geoffroy payen que au mur
sapproucha et se assēbla de frā-
coys q̄ tāt de dagues q̄ despees
q̄ de houez faisoiēt degres pour
les douez mōter. Et quāt frā-
cois apparceurēt ceulx q̄ au pie
du mur estoient de toutes pars
descēdirēt es fossez et a eschiel-
les et a houez sen vidrēt contre
la muraille et a eschielles se pn
drēt.et de toutes pars en plusi-
eurs lieux furent les murs per-
ciez.mais appertemēt se deffen
dirēt āglois q̄ toutes les eschiel
les tresbucherent es fossez et de
pierres et de trait greuerēt mōlt
les frācois. En lost des frācois
auoit plusieurs ieunes fēmes q̄
durant lassault leur faisoiēt de
grās secours.car tāt furēt fran
coys eschauffez par force dassail
lir q̄ souuēt perdoiēt lalaine par
la grāt chaleur et soif q̄lz auoi-
ent. Adonc accoururent les ieu
nes fēmes q̄ de boire les seruoy-
ent.biē apparceust messire.b.a
lassault la grāt soif q̄ souffroy-
ent gēs darmes q̄ seullemēt ne
pouuoiēt assez auoir caue pour
ce fit plusieurs tonneaulx de vi
dressier sur bout et dūg bout def
foncier et a boire les abandōna
la coururēt gēs darmes de tou
tes pars q̄ en pou de heure beurēt
tout le vin q̄ la fut.et aussi tost
q̄ lūg auoit beu retournoit a las
sault. Grant nōbre darchiers a
uoit messire.b.q̄ durāt lassault
trahirēt tellemēt q̄ hors des murs
ne se osoiēt mōstrer āglois pour
ce sadiuiserēt āglois dune subti
lite telle q̄ sur le hault de la mu-
raille firēt mectre couuertes par
tes sarges et tapis q̄ le trait sou

stenoiēt et recevoiēt. Et par dessoubz les couuertures geetoiēt anglois grosses pierres sur les frācoys q̄ au pie du mur estoiēt tellement q̄ au fons des fossez les faisoiēt cheoir. En la subtilite des anglois sapparceust messire ber. Et au pie du mur ēuoya arbalestriers qui par dessoubz les couuertures se pridrēt a traire tāt durement que plus ne se mōstroiēt anglois. Adōcques pridrēt frācoys eschielles et sur la muraille mōtoiēt pour la ville gaigner. la fut labbe de male paye q̄ le premier monta. mais de dess⁹ les murs fut geete au fōs des fossez par les āglois qui sur les frācoys prindrent a geeter pierres de faiz et de tonne aux ēplis de pierres q̄ les francoys abatoyēt dedens les fossez.

Et tant longuement dura lassaul: q̄ de dēs faicte seuere ne demoura pauement que sur francoys ne fut geete. quāt anglois apparceurēt q̄ du tout leur estoient pierres faillies. et que par les eschielles mōtoiēt francoys ilz abatoient la muraille de la ville sur francoys et tresbucher les faisoyent en grāt douleur et mōlt esbahiz se virēt anglois.

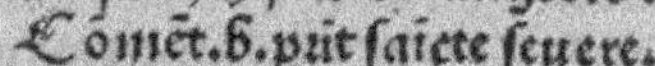

Comēt. B. pūt faicte seuere.

Pour la ville prendre dresserent frācoys eschielles Et au pie des murs minerēt continuellemēt et tant fit labbe de male paye q̄ le premier entra dedens saincte severe de to⁹ les frācoys. mais tant fut surprins dāglois que retenu y fut par force car de haches y fut tellemēt que estourdy fut et traine dāglois pour le desarmer. Mais a celle heure entrerent francoys par le pas ou passa labbe et aux anglois le firēt trainer. et a eulx assemblerēt et labbe recouurerēt. mais guieres ne demoura q̄ danglois furēt par force deboutez hors de la ville par vng pertuis de la muraille. et lors neust fois q̄ courroussier en eulx. Grandement fut hōnoure des pūces et de messire .B. labbe de male paye pour sa prouesse et refraichir le firēt puis sen retourna a lassault Et en vne partie assaillirēt bretōs et berruyers qui ouyrēt dire que dedēs saincte severe estoient francoys entrez. Et ceste chose leur fit messire bertrand assavoir pour lassault renforcier.

Adoncq̄s commenca lassault plus fort q̄ devant. et de toutes pars eschielerēt francoys la ville. Mais du hault des murs les gectoiēt āglois au fons des fossez. Et non pourtant minerent frācoys q̄ bien pouvoiēt entrer .xl. hōmes de front tous armes. Mais illec se assemblerēt āglois q̄ lentree leur escondirēt tresaprement. daultre part mōterēt francoys et eschiellerent et la furēt anglois q̄ a eulx cōbatirēt main a main sur la muraille q̄ plusieurs frācoys tuerēt et naurerent. Et par frācoys aussi y eust plusieurs āgloiz occiz. bien sapparceurēt anglois que longuemēt ne pouvoiēt la ville tenir. Et adōcq̄s envoya messire robert giles chevalier āglois devers messire ber. requerir que lassault fit cesser pour parlamēter car capitayne de la ville estoit. et req̄roit q̄ seuremēt sen peut partir luy et sa cōpaignie auec leurs chevāces. et pour la forteresse liurer luy fussent baillez xxx. mille floris. A ce ne voult messire bertrand accorder aincoys fit lassault rēforcier. et au capitayne fit respōdre que se de la ville se vouloient partir ql les laisseroit aler par dela la mer seuremēt et ce q̄ chascū de sa chevance pourroit porter. Mais quant aux aultres qui du royaulme de frāce soyēt nez les q̄lz estoient en leur compaignie ia mais respit nauroient. Et biē sceut que iamais dillec ne partiroit quil auroit la ville prinse et le chastel. En ce point faillit le parlemēt et cōtre la muraille de la ville furent francoys qui tousiours assailloient par eschielles et par mines.

Au droit des murs du chastel fit labbe de malepaye sa mine. et tant fit q̄ la muraille persa. Bien apparceust labbe vne feniere pleine de fein dedēs la ville et la fit le feu bouter. La vidrēt anglois de toutes pars pour le feu estaindre et detasser le fein a lūg des boutz de la feniere. En telle maniere se prindrent francoys a entrer par les eschielles et par les mines en telle maniere et par tel effort que la ville gaignerēt Et plusieurs des āglois se retrahirēt en la grosse tour pour leurs vies sauuer. Mais tant entra de fumee dedens que rendre les conuint.

En lan de lincarnaciō nostre seigneur ihesucrist mille.iii.cēs.lxx. fut prise en ceste maniere la ville et le chastel de saincte seuere qui tant durement fut par anglois deffēdue. Et par lordonnance de messire bertrand furēt les anglois natifz dangleterre mis a rāson. mais tous ceulx qui de france estoiēt fit messire bertrand accoupler et pēdre. et iura q̄ iamais ne buroit ne mēgeroit tant quilz fussent en vie. Et toꝰ furēt lyes et accouplez.

En la ville et chastel de saincte seuere conquirent francoys moult de richesses. Et apres la prinse firent monseigneur de berry et messire bertrand le feu estaindre. pour la cheualerie hōnourer fit monseigneur de berry le vin apporter et manda toute la cheualerie. Et furēt puis les ducz de berry et de bourbon et plusieurs aultres grās seigneurs et aultres cheualiers et escuyers q̄ illec furent. Et deuant tous cōmanda monseigneur de berry a messire bertrād q̄l print le vin q̄l reffusa et au duc en desplleust. Et moult doulcement luy dit. Amis bertrand pour quoy ne prenes vous le vin. Vous doubtez vous que empoisonner vo vueillons. humblement sen clina messire bertrand et dit. a toꝰ voz commandemēs suis prest de obeir. mais vng veu ay fait que moult doubte a enfraindre 1370.

Et vous diray quel il est. mon
seigneur vous scauez q̄ les gēs
du monde qui plus ont france
greuee sont ceulx qui du royaul
me sont et le party des ēnemis
du roy et de vous ont tenu vous
scauez monseigneur que au de
dens de ceste ville ont este prins
plusieurs cheualiers de la natiō
de frāce. et par eulx tiēs que las
sault a tant dure ou maint bon
hōme a laisse la vie. Pour ce-
ste chose mōseigneur. iay iure et
promis que iamais ne mēgeray
ne beuray tāt quil en ait nul en
vie. moult fut lie le duc de ber-
ry quant il sceut que pour aul-
tre chose nestoit messire. b. cour
rousse. Et appertemēt luy dit.
amis bertrand grant raison de
monstrez a tout homme desloy
al de preudōmye. et preudōs ne
seroit pas qui tel cōseil desloue
roit. Mais bien vueil que vo⁹
scaichez q̄ tout tel serment que
vous auez fait ie faiz. Et pro
mectz que iamais ne beuray ne
mengeray tant q̄ homme de la
nacion de frāce soit en vie qui a
uecq̄s les anglois de saincte se-
uere ait este pris. debōnairemēt
et hūblement mercia le duc mes
sire ber. et dit. monseigneur de
vostre voulloir vouldroye q̄ fus-
sent to⁹ les princes. En ce poīt
fit messire bertrand saisir tous
ceulx qui de france estoient et
qui auecques les anglois auoi
ent este prins dedens saincte se
uere et les fit pendre aux pro-
chains arbres de la ville. et les
anglois fit deliurer en payant
ranson. puis fit messire bertrād
ēterrer les mors qui occiz furēt
a lassault et en saincte seuere
en fit faire seruice notable. et a-
pres donna congie a plusieurs
poures mesnagiers qui de la
bataille se partirent sans rāson
payer. Et la ville fit le duc de
berry remparer. et de gens dar
mes garnir.

Apres les grās assaulx
de saincte seuere et de
la prinse dicelle qui de
gens darmes fut tant prisee. se
renforcerēt le duc de berry et de
bourbon le cōte de la marche et
messire bertrād et la cheualerie
de frāce. et au quart iour sen par
tirent et vindrēt a vne abbaye
a trois lieuez p̄s de la souterre-
ne atout leur ost. et a la souterre
ne a bonne ville forte et biē seāt
ou ilz seiournerent en labbaye
par. v. iours. mais a ce se taist
le cōpte et bien y saura retour-
ner quant temps sera. Et ra-
compte du captal q̄ durāt le sie
ge de saincte seuere faisoit vne

grant armee pour anglois se-
courir et faire leuer francoys
du siege.

Listoire racompte q̃ au
temps que deuant faic
te seuere tenoiẽt le sie-
ge les ducz de berry et de bourbõ
conte de la marche messire ber.
connestable de frãce. le captal et
la cheualerie angloisse tenoiẽt
et estoiẽt en guienne en angoles
me ou illec le captal lieutenant
du roy dangleterre assembloit
grant armes dangloys pour le
siege de saicte seuere leuer et les
francoys combatre. et en brief
tẽps se trouua a biẽ deux mille
cheualiers et escuyers et. v. cẽs
archiers. Et de iour en iour luy
croissoiẽt gens. Quant le cap-
tal se vit fort son chemin print
droit a saicte seuere. et guieres
ne ala auant que plusieurs an
glois q̃ par finẽce estoiẽt eschap
pez rencontra. Et la prinse de
la ville et du chastel dont dou-
lent en son cueur fut. Et la che
ualerie de son ost assẽbla pour
soy cõseiller quelle part il pour
roit aler pour frãcoys greuer. et
pource q̃ ãglois sceurẽt q̃ en vne
abbaye a trois lieuez de la sou
terrene estoiẽt francoys retraiz
eust le captal cõseil de luy et ses
ostz traire a la souterrene q̃ a
eulx estoit. Car se francoys y
mectoiẽt le siege biẽ se doubtoit
le captal q̃ tost leussent cõquise
et pource fut conseille dy aler.

Aux ducz de berry et de
bourbõ conte de la mar
che et messire bertrand
furẽt nouuelles apportees q̃ sur
les champs estoiẽt les anglois
en esperance de bataille auoir
pource fit messire bertrãd la che
ualerie assẽbler pour auoir ad-
uis de anglois cõbatre. et moult
doubta la bataille pour la presẽ
ce des princes. et par le conseil
des barons fut aduise q̃ sur les
champs se tiẽdroit messire ber
trãd pour les anglois receuoir
se bataille vouloiẽt liurer et de
dens bourges se retrahirent les
princes. et se cõtre anglois les
frãcoys auoiẽt victoire les p̃n-
ces retourneroient pour la sou
terrene assieger. et de la souter
rene pourroient aler assieger
chauuigny.

Quãt les ducz et les p̃n
ces ouyrent ladui et
le cõseil des cheualiers
en eulx neust que courroucer. et
iurarent q̃ se bataille y auoit q̃
ilz y seroiẽt en leurs personnes.
et mal contens furẽt de ceulx q̃
tel cõseil donnerent. car pou les
prisoiẽt selon leur aduis. mais

amiablemēt apaisa messire.b. les princes.et deuāt tous parla en ceste maniere. seigneurs q̄ cy estes et de par le roy de france sōmes cy venuz pour ses droiz destaigner.et a mōseigneur de berry q̄ cy est deliurera le pais q̄ a luy est pour son droit et loyal partaige appartiēt.ouy auez q̄ sur les chāps se tiēnēt anglois en grant pouoir. Et encores ne scauez en quel pais ne party ilz doiuēt leur ost tenir ne adresser. Et quāt aux parolles q̄ en ceste cheualerie ont este parlees de bataille actendre vous a qui encores ne vous ont mandez āglois bataille. Et en ceste maniere et sans aultres choses faire pourrons cy employer nostre saison. Et si peut on biē penser q̄ en grāt doubte sont anglois de leurs villes et chasteaulx garder. Mais se a mōseigneur le duc et aux princes estoit de plaisir iay aduise vne aultre voye. En grant doubtance suis seigneurs et en especial vo' diray. Il est vray que les anglois se retrahirēt de dēs poitou et chauuigny pour garder les villes et chasteaulx de poytou plus tost que aultre part.et au vray dire se dedēs poitiers estoiēt entrez Je ne voy aulcune voye que de long tēps la ville peut estre conquise par siege ne par assault pourquoy ie loue en mō endroit que dicy partons pchainemēt et deuāt poytiers alōs mectre le siege Et sil aduiēt q̄ sur les chāps puissiōs le captal rēcontrer iay ferme esperāce en dieu q̄ sur anglois aurons victoyre. Et si a dieu plaisoit nous donner vne iournee ie suis tout seur q̄ par ce point pourrons la duchie de guiēne cōquerir. Et pource endie et responde chascun de vous ce q̄ bon luy en sēblera. et pour mon dit ne plus ne moins .

QVant le duc de berry eust ainsi ouy parler messire bertrād grādemēt sesiouyst q̄ haultement par deuāt tous luy dit. Amis. b. si en cest ost nauoye q̄ le pouoir de vous et vostre bō conseil si yrōs poytiers assieger puis que au cueur vous chiet. Et si anglois trouuōs sur les chāps q̄lque esfort q̄lz ayēt nous leur liurerōs bataille.la neust nul q̄ au cōseil de messire.b.naccordast. Et lēdemain deslogierēt les princes et si anglois trouuassēt sur les chāps cōbatu les eussent.et tāt cheuaucherēt atout leur ost celle iournee q̄ deuāt le chastel dāgle q̄ a.xiiii.lieuez de labbaye estoit

dont ilz estoiēt partis illec arri
uerent et se logierēt francoys et
deuant la porte du chastel. et la
vint messire ber. parler au capi
tayne qui debonnairement yssit
pour parler a messire ber. et luy
dit. sire desraison nous feriez si
deuant nous meetiez siege. car
long temps a que sommes dac
cord auec le duc de berry q̄ en sō
obeissāce seriōs et luy rendriōs
ce chastel quāt a luy seroit rēdu
poitiers. Et nostre conuenāt
auons en esperance de luy tenir
iusques la. Quant messire ber.
entendit le capitayne courtoise
mēt luy dit. amis pour vr̄e cha
stel prēdre ne sommes cy venuz
a present. Mais de viures vo⁹
requerons pour nostre argent.
car se faire ne le voulez no⁹ mec
trōs peine dē recouurer sur vo⁹
Et si vueil bien que vous scai
chez que si briefuement nest poi
tiers rendu ia vostre accord ne
vo⁹ gardera que de vostre cha-
stel nayōs viures. Le capitay
ne laccorda a messire. B. Et en
lost en enuoya tant comme frā
coys en vouldroiēt pour largēt
deuāt āgle coucherent celle nuyt
francoys. et lendemain en par-
tirent. et tant cheuaucherent que
deuāt chauuigny arriuerēt ou a
trois chasteaulx et ville close
fors et biē seans. Et par auāt
auoiēt les trois capitaines de
ces trois chasteaulx accordez
leur rendre tantost q̄ au duc de
berry seroit poitiers obeissant.
Ceste parolle raconta le duc a
messire ber. q̄ grant cōte nen fit
a celle fois. aincois iura que di
lecq̄s ne partiroit iusques a ce
q̄ du tout fussent en lobeissance
du duc. Adoncq̄s yssirēt les ca
pitaynes de chauuigny et les
bourgoys et leuesque de poitiers
q̄ en lung des chasteaulx estoit
pour traictier vindrēt a messire
ber. auec ceulx q̄ celle iournee la
ville et les chasteaulx rendirēt
au duc qui dedēs entra et auec
luy la cheualerie qui illec se ref-
fraicherent par deux iours. Au
tiers iour ap̄s la prise de chau
uigny requist messire bertrand
au duc de berry q̄ deuāt poitiers
fist ses ostz adressier. a ce lac-
corda le duc et sen partirent en
ordonnance de bataille. et tant
cheuaucherent a bānieres et pē-
nonceaulx desployez que deuant
poitiers arriuerent.

Comment poitiers se ren-dit au duc de berry.

EN grãt douleur furẽt
ceulx de poitiers quãt
assiegez se virẽt et non
pourtant sur les murailles et
creneaulx se mõstrerẽt en armes
en demõstrant grãt semblant de
la ville deffendre. mais bien ap
parceurẽt que au pouuoir des
frãcoys ne pouuoiẽt cõtrester. et
pour sur ce auoir cõseil se assem
blerẽt les bourgoys. Et deuant
tous parla vng homs q̃ saige
fut et de grant eage leq̃l dit. sei-
gneurs vous voyez q̃ de frãcoys
sõmes cy assiegez et longuemẽt
ne pouuons souffrir lestour si
daultre part nous nauons se-
cours vo⁹ scauez q̃ par la vou-
lente du roy edoars dangleterre
et du prince son filz q̃ mainte-
nir nous ꝓmist noz frãchises
sans griefuete faire depuis que
nous venismes en leur seignou
rie nous auons este menes que
cause nauons de faire plainte.
biẽ voy aussi q̃ debonnairemẽt
nous receurõt frãcoys en lobeis
sãce du roy de frãce se a eulx no⁹
voulons accorder. et pource q̃
maintes gẽs de ce q̃ ie dis cy de
uant vous pourriont faulcete
maintenir cõtre nous se lõmai
ge du prince guerpissiõs sans
acheison. Et ce dy ie pour loy-
aulte tousiours en nous main
tenir. Et si aulcũ de vous pou

noit trouuer aulcune raison pourquoy sans blasme ou dif- fame de noz personnes puis- sōs retourner en lobeissance de frãce. certes ie y auroie grant plaisir. pourquoy ie vo⁹ requers q̄ chascū vueille dire son aduis la fut vng aultre bourgoys q̄ a pres parla et dit. seigneurs loy aulmēt vous a racōpte le preu doms la besoigne. mais ie vo⁹ vueil monstrer q̄ iuste et loyalle achoison auons de lomaige des anglois despartir. et est telle ma raison. biē scet chascun q̄ le roy de france q̄ nostre souuerain sei- gneur a este tout le tēps de anciē nete et q̄ fait ēuers le roy āglois et le prince son filz tresloyaulmēt et par le traictie deulx fut faicte la paix ētre eulx et iuree laq̄lle il a tenu en sō endroit sās ēfrai dre. vray est q̄ nōobstāt la paix iuree le roy edouard et sō filz le prince se pariurerēt pour le roy de frãce desheriter par abusiōs et choses desraisonnables quilz ont controuuez sans achoison pour le royaulme greuer et guerroyer. Jacoit ce q̄ le roy edo- ard et sō filz le prince estoiēt te- nuz faire deliurer a leurs costz et despēses chasteaulx et villes q̄ de par eulx estoiēt en frãce. ne antmoins de tout ce nont riens fait ne tenu. aicois couuertemēt les ont tousiours fait mainte- nir par leurs gēs et le royaulme guerroyer. et puis q̄ aisy est q̄ les āglois nauoiēt riēs tenu de leur cōuenāt. et par trahisō ōt voulu le royaulme de france desheriter sās iuste tiltre. pourquoy le roy charles de frãce q̄ ores regne a recouure les villes et chasteaulx q̄ baillez furēt aux anglois. et par mō esgard me sēble q̄ raisō nauōs de cōtre luy no⁹ mainte- nir. aicoys par vraye droicture deuōs retourner en sa seignou- rie. en ce q̄ to⁹ scauez q̄ de sō par lemēt nauoit pas le roy puissāce de nous mectre hors. car de tout temps le duc de guiēne est per de frãce et au parlemēt vōt ses cau ses q̄ le bien du peuple est et de la courōne. et scachiez to⁹ q̄ nul roy na pouuoir de separer de la couronne iustemēt aulcū mēbre dicelle. pource les biēs de la cou ronne ne sont q̄ biēs publicq̄s. et vo⁹ apparceuez assez de iour en iour par q̄lle iustice le prince ti re a no⁹ gouuerner. car toute sō intētiō est de no⁹ faire ressortir a lōdres au parlemēt dāgleterre q̄ de la destructiō de la duchie et du peuple seroit le temps ad uenir. Si dis q̄ par ces cinq raisons iuste achoison auōs de francoys deuenir. Bien est droit que si aucques francoys traictõs aucunemẽt iamais ne deurions les anglois trahir qui doulcemẽt nous ont traictiez et par iustice aicoys deuriõs pour chasser que seurement peussent retourner en leur pais dangleterre.

ACe q̃ les deux bourgoys eurent parle saccorderent tous les aultres de la ville rẽdre aux frãcoys. Et premieremẽt le peuple assemblerẽt q̃ a ce saccorda. Et de poytiers plusieurs bourgoys yssirẽt qui par ce traictie vindrent devers le duc de berry q̃ dedẽs poytiers entra. et auec luy le duc de bourbon le conte de la marche et messire. B. et toute la cheualerie de france. a vng iour de samedi En lan de lincarnacion nostre seigneur mille. iii. cens. lxx. et mõlt y furẽt honnourablement receuz to⁹. dedẽs le chastel de poitiers se tindrẽt anglois en grãt arroy et a rẽdre reffuserẽt. mais lẽdemain le fit messire. B. assaillir de toutes pars. Et guieres ne demoura q̃ a lassault coururẽt tout le peuple de poitiers qui en pou deure amplirẽt to⁹ les fossez de fagoz et de merrain. et en telle maniere q̃ iusq̃s au pie du mur pouuoiẽt frãcoys venir La fit messire. B. lassault renforcier et drecier les eschielles cõtre la muraille. et le chastel assaillir de tel effort q̃ a merueilles fut tenu. Et par force dassault fut le chastel pris ce q̃ nul homs qui le chastel eut veu en sa force par auãt la prise neust peu croire que dassault peust ne deust estre pris ne gaigne. dedẽs le chastel furẽt plusieurs ãglois occiz et les aultres mis a rason En telle maniere furent prins la ville et chastel de poitiers ou moult se retrahirent francoys. Et au chastel gaignerẽt mõlt grans richesses.

APres la prinse de poytiers cheuaucherẽt frãcoys iusq̃s a saict maxpẽt. et la ville q̃ clouse fut assiegerẽt. le chastel est bel et biẽ seãt. la vindrẽt nouuelles a messire ber. q̃ pour le siege leuer venoit le captal a grãs gẽs et nõbre dãglois. lors fit messire. B. le siege leuer et dedens vng chastel au plat pais se logerent. et au captal mãderẽt bataille leq̃l leur accorda. mais au iour q̃ auoit le captal mãde ne vint. par quize iours furent francoys logiez au villaige en bataille actendant. Mais es forteresses anglesses se retrahist le captal et ses gens sans bataille liurer.

Et quant messire ber. et la chevalerie de france appareceurēt q̄ bataille ne pouuoiēt auoir a poitiers sen retournerēt. la vint le duc phelippe de bourgoigne frere du roy de frāce a grans gens darmes. Au deuant de luy ala messire ber. et grādemēt le honnoura le duc. Et a poitiers seiourna le duc phelippe de bourgoigne par .xv. iours. puis sen partirent les ducz de berry de bourgoigne et de bourbon le conte de la marche et messire ber. et la cheualerie de france qui bien furēt nombrez a troiz mille cheualiers et escuyers q̄ tāt cheuaucherēt que deuant sainct maixēt arriuerent. et a leur venue leur fut la ville rēdue. mais contre eulx se tint le chastel q̄ fut mōlt fort et bien garny. le chastel fit messire ber. assaillir de to⁹ coustez et guieres ne demoura q̄ par force dassault fut prins.

Au partir de sainct maixent cheuaucherēt frācoys droit a fōtenay le vieil q̄ a leur venue leur fut rēdu puis alerēt deuāt bourgneufz ou bonne ville et bōne place auoit et forte esglise q̄ bien amparee estoit. mais a messire .b. furēt rēduz et plusieurs aultres forteresses du pais daunaiz.

En ce cōtēple estoit sur mer yuon de galles qui tellemēt garda le passaige q̄ dānglois ne peurēt ceulx de la rochelle auoir secours. et iour auoiēt promis de rendre la place se secours nauoiēt pource q̄ la iournee approuchoit eurēt conseil les ducz de berry de bourgoigne et de bourbō le cōte de la marche et messire .b. et la cheualerie de frāce q̄ a bourgneufz furēt q̄ les bourgoys de la rochelle illec a saufconduit mā deroient dōt leur fut ēuoye vng herault q̄ la voulēte des prīces leur esposa. lesquieulx respōdirent q̄ lēdemain yroiēt par deuers eulx lors sē retourna le herault par deuers les prīces q̄ de la respōce du herault furēt mōlt cōtens. en cellui iour se assēbla le cōmū de la rochelle q̄ le chastel abatirēt et arraserēt iusques au fōdemēt et aux bourgoys dirēt q̄ iamais en lobeissāce de frāce ne retourneroiēt se ꝑmis ne leur estoit que iamais en la ville chastel edifie ne seroit et bien estoient dacors de edifier en la ville vng noble palays. mais chastel ny auroit il point q̄ fut maistre de la ville ne qui eust saillie par dehors aux champs.

Cōmēt la rochelle fut rendue aux francoys.

Lendemain matin vi
drent les bourgoys de
la rochelle en grant e-
stat par deuers les prīces q̄ ioy-
eusemēt les receurent. et a mes-
sire ber. ordonnerent dire linten
cion deulx aux bourgoys. sei-
gneurs par le gre du bon roy ie
han de frāce dont dieu ait lame
fustes vous mis en lobeissan-
ce du roy dāgleterre et de sō filz
le prince de galles. et scauez que
en vous liurant vous fut en-
ioingt que se loyaulmēt les an
glois ne vous tenoiēt en vostre
seignourie premiere. et aussi les
aultres paches que en leur ac-
cord sont cōtenuz que tout fust
nul. Or bien scauez que en riēs
nont anglois la paix tenue. ain
coys se sont pariurez desloyaul
mēt. Car entierement a fait le
roy de france deuoir ēuers eulx.
En oultre tāt sont guerroye et
guerroyent de iour en iour com-
me chascū peut appareuoir. et
pource q̄ aultrefois voꝰ ay p̄mis
de par le roy de retourner a vrē
p̄miere seignourie. et pour ēprū
ter de voꝰ rēdre se dāglois nauiez
secours. Or est venue la iournee

pour laquelle se sont assemblez voz seigneurs les princes. Et vous requierent que voz promesses vueillez tenir. Et biē scaichez que se a celes reffusez q̄ voz ayes ne seront tant fortes que prochainemēt ne les face raser. La fut vng bourgois q̄ en soubriant dit a messire ber. sire vous semble il que eussiez si tost vne telle ville et chastel rase. fieremēt respondit messire ber. Je vueil bien que vous scaichez q̄ se le soleil entre en ville ne chastel que vous ayez ie y entreray. Adōc respondit doulcemēt le bourgoys. ia se dieu plaist ne nous conuiendra assaillir. car le plaisir du roy de ses princes et de vous pensons a faire. Mais aulcunes choses voulons requerre qui de par le cōmun no⁹ sont enchargiez. Et vous disons seigneurs q̄ grant desir ont les bourgoys et le commun de la ville de venir en lobeissance du roy de france. Vray est q̄ par le chastel de la rochelle qui par les anglois a este lōguemēt tenu nous auons estez le tēps passe moult suppeditez or est ainsi que subitement en auōs les anglois deboutez. mais le commun qui la subiection redoubte a du tout le chastel rase. Pource nous ont chargie q̄ entre noz traictiez feissiōs aucun accord par lequel iamais chastel ne soit edifie en la ville qui ait saillie dehors. bien sont dacord de vng palais edifier en la ville pour le roy et ses princes recevoir a leurs fraiz. Et en apres requierent estre maintenuz en leurs frāchises anciennes. Ces choses leur accorderent. puis sen retournerent les bourgoys en la rochelle et au peuple compterēt leur accord dōt grant ioye en eurent et grāt appareil firent pour les princes recevoir. Et lendemain heure de tierce entrerent dedens la rochelle les ducz de berry de bourgoygne et de bourbon. le conte de la marche et messire bertrād. le conte de saucerre mareschal de france. le sire de clisson. le sire de raiz. le sire de rochefort. messire iehan de vienne admiral de france et plusieurs chevaliers et escuyers de france tous en ordonnance de bataille vestuz de leurs tuniques estandars et bānieres desployees et les menestriers trompettes sonnans. Adōc yssirēt de la rochelle les bourgoys et le peuple tout de pie sās armeure qui au roy en la persōne des p̄nces vng dreceouert pare

dung drap dor et vng liure des-
sus. Et au deuāt du drecouert
et de la porte auoit tendu vng
filet de soye. la fut vng abbe a-
uecqs les bourgoys qui au duc
de berry requist q̄ il vouleist fai
re le sermēt et les maintenir en
leur franchise. leql̄ le fist. Et ce
fait fut le filet de soye rompu.
Et dedēs la ville entrerent les
princes. grādemēt y furēt receuz
et conioyssez du peuple q̄ gran-
dement crierent noel tous a vne
voix. En celle maniere fut la
rochelle au roy rendue a grant
ioye et esiouyssement des princes
la leur furent racōptez la grief
ueté et cōplainte du peuple den-
tour la rochelle q̄ mōlt furēt gre
uez par anglois q̄ dedens le cha
stel de benon estoient et pres de
la rochelle seāt. Pourtāt man-
derēt les ducz messire bertrand
et moult amiablement luy or-
donnerent que ses ostz fist la a-
dressier. De la rochelle sen par
tirēt les princes et a benon arri
uerent qui de par le captal se te
noit dedēs vng anglois nōme
dauid olofarne q̄ en sa cōpai-
gnie auoit six compaignons de
la rochelle q̄ auecqs le captal a
uoient estez nourris. Quant
dauid sceut q̄ ceulx de la rochel
le sestoyēt rendus au roy de frā
ce deuāt luy fit venir les six cō
paignōs. Et a chascū deulx fit
vng poig coupper. puis les fit
partir du chastel pour aler a la
rochelle. et a ceulx de la rochelle
mādā q̄ a tous ceulx q̄ de la ro-
chelle seroiēt et qui en ses mais
cheiroiēt autāt leur en feroit. a
grant douleur sen partirent les
six compaignons q̄ de lost des
francoys furēt rencontrez dont
fut mōlt desprisié le capitayne
de benon.

Tantost q̄ deuāt le cha
stel de benon arriuerēt
les princes ilz firēt re
querir au capitaine que le cha
stel rendit mais a ce ne se voulst
cōsentir ne accorder. Adōc fut
le chastel assiege de toutes pars
et souuēt fut assailly. mais fort
se deffendirent anglois. Et
aduint que enuiron la nuyt ys-
sirent du chastel douze hōmes
armez qui en faisant cry de len
seigne du captal entrerent en
lost des francoys tout a cheual
dōt lost fut esmeu car le captal
cuydoyent auoir qui grās gēs
auoit assemble en guienne. Et
a celle saillie greuerent anglois
francoys. Et naure y fut geof
froy payen escuyer de renom.
la suruindrēt plusieurs frācoys
Et adōc anglois se reculerent

et geoffroy cimmenerent mais
pourceque duremēt estoit na
ure les reqˀst q̄ sur sa foy se lais
sassēt aler et retourner en lost
iusq̄s a lēdemai pour ses pla
yes faire curer. et quāt āglois
sceurēt q̄ cestoit geoffroy pa-
yē q̄ au sire de clisson estoit pa
rent si leur souuit q̄ par luy et
son ēprinse fut le dur assault
de saicte seuere et en despit du
sire de clisson loccirēt dōt cour
roucie fut le sire de clissō et telle
mēt ql nestoit riēs q̄ appaisier
le peust et en sō grāt dueil iu-
ra q̄ de lānee ne verroit āglois
en sa presence q̄ fut en sa subiec
tiō ql ne occist Et biē tint son
ṗmēt sicōme lystoire racōpte.
dedēs le chastel se retrahirēt ā
glois et lēdemai fit messire. b. la
mine cōmēcier et cōtre la mu-
raille et le chastel fit eschielles
dressier. la cōmēça vng fier as
sault dur et merueilleux. Et
grādemēt se deffēdirēt āglois
Mais tāt furent assaillis de
toutes pars q̄ dedēs le chastel
entrerēt frācois et hastiuemēt
se retrahirent anglois en vne
grosse tour contre la tour fit
messire. b. vne mine cōmēcer
Adōcq̄s se esbayrēt anglois
et leurs vies saulues et leur fi
nāce offrirēt la tour rēdre. A
ce ne voult messire. b. accorder
aincois leur dit q̄ du tout se rē
droiēt a la mercy des princes
ou aultrement seroit la tour a
batue sur leurs testes. bien ap
parceurēt āglois q̄ cōtrester ne
pouoiēt et les cordes au col se
mirent a la mercy des ṗnces
Quāt le sire de clisson vit an-
glois appertemēt vit aux pri
ces reqrir q̄ dāglois il peut fai
re a sō plaisir. sa pēsee ne sceu
rent pas les prices et debōnai
remēt luy octroierēt sa reqˀste
Adōc fit le sire de clisson tous
les āglois amener deuāt luy
et dedēs vne tour les fit entrer
puis print vne hache et les an
glois faisoit yssir lung apres
lautre et aisi cōme ilz yssoiēt
le sire de clissō les tuoit de sa ha
che a lissue de la tour la ne de-
moura angloiz q̄ de sa main
ne fut tue dont il desplеut au
sire de clisson q̄ deut auoir fait
faire par ses varles tel office
non pas par luy mesmes.

APres la ṗnse de be-
non vindrēt les ṗn
ces deuāt surgieres
La estoiēt anglois qui la da
me de surgieres tenoiēt et mai
tes aultres dames en sa cōpai
gnie tenoiēt. et pour lamour
des dames furent āglois mis

a sauuet:.mais le chastel fut
rendu Entre iceulx anglois
eut vng puissãt ãglois nõme
bernard dambas q̃ ma dame
de bourbon mere de la royne de
frãce et de mõseigneur de bour
bõ tenoit en ses p̃sons et par
trai ison lauoit prinse Et ha
stiuement icelluy bernard sen
fouyt dedẽs la tour de bron la
fut tãtost assiegee des frãcoys
mais tost p̃nys bernard rẽdre
la dame de bourbõ q̃ .a estoit
quãt monseigneur de bourbõ
eust sa mere au deliure moult
fut ioyeux En son pays sen
nota en grant estat et molt lõ
noura et de surgieres se parti
rent frãcois.

Depuis la prinse de sur
gieres cheuaucherẽt les
frãcois parmy poytou
et plusieurs forteresses p̃ndrẽt
les princes dassault et aultres
se rendirẽt ainsi cõme sainct
iehã dãgelly et en ce temps vit
aux p̃nces nouuelles que par
deuers le roy de france venoit
le duc de bretaigne pour soy
mectre en son obeissance. Et
pourtant departirẽt de lost les
princes et les barons de bre-
taigne pour aler a paris par
deuers le roy mais en poy-
tou demoura.b. qui deuãt mõ
stereul bouni ou bon chastel et
fort auoit mist le siege et dure
mẽt le fit messire.b.assaillir et
tant que par force le prit .illec
se refreschirẽt messire.b. et sa
cheualerie puis fit sõ ost cheuau
chier droit a tiset ou bataille
eut fiere et merueilleuse.

Lystoire racompte que
apres la prinse de mõ
stereul bounin mist le
siege deuant tiset messire ber-
trand au chastel de tiset estoit
de par le roy dangleterre vng
cheualier nomme robert mitõ
a grant garnison danglois et
en la place deuãt le chastel fit
messire bertrãd son siege clour
re et faire palis. Et trancher
du couste deuers les champs
Souuentesfois fit messire.b
assaillir mais asprement se def
fendirẽt anglois En ce contẽ
ple estoit lieutenãt en guienne
de par le roy dangleterre messi
re Jehan deuereux qui les an
glois de plusieurs forteresses
assẽbla a nyort et bien se trou
ua en nõbre de.viii.c.cheualiers
et escuiers. A dõc estoit le sire
de clisson deuant le chastel de
la roche sur yonne ou mis a
uoit le siege et en sa cõpaignie
estoit le sire de lauauguion le

sire de rohen et plusieurs aul-
tres barõs et biẽ scauoit que a
nyort assembloit messire ichã
deureux ãglois mais pẽser ne
scauoit se sestoit pour eulx cõ
batre ou le siege de tiset leuer.
ceste achoison fit scauoir le sire
de clissõ a messe. b. en luy mã
dãt q̃ sur sa garde se tenist dõt
mõlt le mercya. b. et en ce mes-
mes temps tenoit messire alaĩ
de beaumont par lordonnance
de messire. b. vng siege deuant
vng aultre chastel dont estoit
capitaine tressonnelle qui leãs
fut. a messire alain fit messire
b. scauoir q̃ a nyort se assem-
bloyent anglois et que sur sa
garde se tenist. a dõc fit messe
bertrand clourre son siege de
palis Ainsi tindrent les fran
cois troys sieges dont chascũ
esperoyent auoir bataille.

TAnt fit messire ichan
deureux que dedens la
ville de niort assembla
viii. cẽs cheualiers et escuiers
tant dangleterre que de guiẽne
et eurẽt cõseil que deuant tiset
yroiẽt premieremẽt pour mes
sire bertrand combatre qui a
rancon seroit mis. Et ẽtreux
fut ordonne que se victoire a-
uoyent que francois seroyent
tous mis a mort excepte mes-
sire bertrand morise du parc
et messire geoffroy de carmeil
q̃ a rancon seroient pris pour
la grant rancon que auoir en
deuoient et aussi pour la vail-
lãtise de messire bertrãd mais
dieu leur retailla asses de leur
propos. en la compaignie de
messire ichan deureux furent
le sire dargentes Jaques son
frere iaquemin asset Jaq̃min
houtõ le capitaine de mortaig
et iaquentre capitaine de chitre
et par le conseil dicelluy iaquẽ
tre firent faire les anglois tu
niq̃s blãches toutes pareilles
a croix vermeilles vestuz par
dessus leur harnois qui grant
chose fut a veoir et de niort par
tirent en grant arroy bannie-
res desploices Et au departir
par grãt orgueil dist iaquẽtre
a sõ hoste q̃ sa chãbre fit biẽ pa
rer et largemẽt appareiller vi
taille pour messire. b. hõnorer
car la auoit intẽcion de lame-
ner Et tant cheuaucherẽt an
glois leur chemin tenãt droit
a tiset que en la forest trouue
rent deux charrettes de vin.
Et des parties de monstereul
belay estoient menez au siege
pour les cuyder bailler aux
francois. pour le vin sarreste-
rent anglois et les tonneaux

firent mectre sur bout et deffõ
ser vng bout et auec leurs cap
pelines et gantelles commẽce
rent a boire ceulx qui aultres
vaisseaux nauoient et apres
que tout le vin eurent beu et es
chauce le cuer fut la ceruelle de
sirans furent aulcũs de tost ar
riuer au siege. Mais contre
disans furent aulcuns cheua
liers anglois qui conseillerent
que dedens les bois se tenissẽt
toute la iournee et la nuytee
partissent pour lost des fran
cois surprendre. deuant toute
la cheualerie ãglesse messire ie
han deureux parla et dit en
ceste maniere Seigneurs dit
il en ceste compaignie cy som
mes. viii. cens cheualiers et es
cuyers et deux cẽs archiers. et
biẽ scauez q̃ deuãt tiset ne sont
point plus de ciq cens comba
tans renommez sont anglois
en toutes cõtrees que en nulle
saison nont trahy leurs enne
mis mais aduentureusemẽt en
leurs grans auãtaiges et par
aguet sans trahison se sont
tousiours tenuz. et ceste chose
vy ie pource que par ceste voye
mectriõs frãcoys a destructiõ
et pou de hõneur y pourrions
recouurer aincois nous tour
neroit a reprouche Et certes
nul cheualier vaillant ne doit
tendre a nul deshonneur Aux
parolles de messire iehan de
ureux saccorderent tous les
anglois et moult sen louerent
ainsi sen partirẽt anglois du
bois pour venir au siege de ti
set ou estoit messire bertrand
Et deuãt enuoierent leurs cou
reux pour scauoir et aduiser
lestat du siege de tiset car en
doubtance furent que retraiz
se fussent francois mais enco
res ne scauoient francois que
si pres fussent anglois. et par
les coureux des anglois sceu
rent plusieurs francois qui de
hors du siege estoient reculles
hors du palis que pres dillec
estoient anglois et guieres ne
demoura que ãglois ẽuoyerẽt
deux herauls a messire. ber.
luy presẽter la bataille Et põ
drẽt place les anglois. A celle
heure se repousoit messire. b.
en sa tente et pour soy conseil
ler manda le sire du perche le
viconte de mellun messire ie
han de vienne admiral de frã
ce messire oliuier de mãny mes
sire oliuier de beaumont messi
re guillaume de bordes messi
re geoffroy cameil messire mo
rice du parc messire guy de ba
yeulx le viconte daunoy messi

de iehan montfort le sire de tor
nemine le sire de languast et
plusieurs aultres cheualiers
et escuiers de france q̄ au siege
estoyent aux quelz messire ber
trand dit. Seigneurs vous
voyez que ycy deuant sont voz
ennemis qui bataille nous
p̄sentent et a present est venu
vng cheuaucheur de france
par lequel nous escript le roy
que pour cōbatre se assemblēt
āglois mais tant hardy ne so
yons de bataille leur liurer si
ne voyons en cest affaire que
tout deshonneur ne soit se aul
trement ne nous conseillons
sur ces parolles les cheua-
liers de france se cōseillerēt en
semble puis a messire. b. respō
dirent en ceste maniere Nulle
ment ne seres par nous cōseil
les de desobeir au commande
ment du roy car se fortune vo⁹
estoit au contraire de luy nau
rions iamais secours. mais
bien scauons que pour vo-
stre siege garder et les anglois
tenir a grant destresse vous e
stes fors en bataille de gens et
aussi vostre siege qui est cloz de
palis et de trenchis se dedens
anglois vous viennent fors
estes pour les receuoir et plus
pourries sur eulx gaigner
que ilz ne feroient sur vo⁹ pour
quoy nous semble que hōneur
auez asses en ces choses fai-
sās sans yssir en bataille.

DOulent fut messire
bertrand quant les
parolles de la cheua
lerie entendit car desirāt estoit
dangloys combatre apres ce
que longuement eust pense en
ceste chose la cheualerie fit re
tourner et a eulx parla en ce-
ste maniere. Tout temps ay
ouy maintenir que le roy char
les de france est droit hoir de
la coronne Et que de luy nest
nul plus vray catholique en
dieu. Vray est que quant de
luy partites en prenant de luy
congie pour venir es parties
de pardeca par son fermēt me
iura q̄ loyaulment estoit infor
me que a luy appartenoit la
duchie de guienne et que plus
seur men tenisse se anglois
trouuoye pour contre eulx sa
droicture garder vous scauez
seigneurs que pour les droiz
du roy de frāce derrain qui son
connestable suis combien que
pou ie vaulx ma fait cy venir
en ces contrees Et en ma cō
paignie cuide auoir amene che
ualerie de aussi grant prouesse
comme lon pourroit recou-

uer en nulle contree. Et bien aues vouz mõstre iusques cy et en oultre cuydons estre pres de tel nombre de gens comme anglois sont pour quoy reprouche et deshonneur nous pourroit estre tourne sus se bataille reffusions et me vueillez sur ce respondre et dire voz aduis. Appertement respondirent les cheualiers a messire Bertrand Sire bien scauõs q̃ du roy nest nul meilleur xp̃ien se de droit ne fust hoirs de la coronne a luy ne fussiõs point obeissans et scauõs biẽ aussi q̃ de droit luy appartient guiẽne. Et bien pres auez tel nombre de gens cõme anglois et auez gens de cognoissance q̃ nullemẽt ne vo' fauldrõt et biẽ voulõs q̃ vo' sachiez q̃ icy na nul qui grant voulẽte nait dangloys combatre mais la malueillance du roy qui la bataille nous deffend nous fait ces choses vous desconseiller et toutesfois nous voulons par vous gouuerner et faire ce que au cueur vous cherra car tousiours nous sommes biẽ trouuez de tout ce q̃ ampris auez et bien nous semble q̃ se moĩgs estions la moytie que soubz vostre conduite ne pouõs periller

Moult fut ioieux messire. B. quant les parolles entendit et debonnairement les mercya. Puis dit seigneurs procureur suis du roy charles nostre souuerai seigneur pour ses desbas vous iure ma foy que en la duchie de guienne est sa droicture pour quoy mõ deuoir ne feroye se ses drois ne debatoie et puis q̃ ie scay ces choses vrayes deu q̃l est vray catholique dieu en q̃ iay ma fiãce nous sera en aide sil luy plaist sil vous plaist anglois combatre. A ce sacord a toute la cheualerie Et ainsi aux anglois manderent bataille.

Comment bertrand ordonna ses batailles a tiset cõtre les anglois.

DEuant le palis de ti-
set ordonna messire. b
ses batailles et au de
hors furent anglois en la plai
ne en ordonnãce de bataille li
urer et en actẽdãt frãcois esto
yẽt ãglois assiz a terre au frõt
deuãt. apꝰs ce q̃ messire. b. eust
ses batailles ordõnees mist en
sa garnison pour le siege gar
der messire ichã de beaumõt a-
tout. iiii. xx. hõmes darmes q̃
dedẽs les tẽtes et pauillons se
tindrent couuertemẽt pour an
glois surprendre se du chastel
sen yssoiẽt et pour la bataille
faire fit messire. b. le palis dõt
son siege estoit cloz abatre. et
en ordõnãce partirẽt frãcoys
de leur siege pour assẽbler aux
ãglois. a toutes leurs lãces a
baissees alerẽt tãt frãcois que
aux archiers des ãglois assẽ-
blerẽt et pou dura le trait apꝰs
ce q̃ le trait fut failli assẽbla la
bataille des frãcois cõtre ãglois
et de lãces pousserẽt les ungz
cõtre les aultres. a celle batail
le reculerent anglois les fran
cois par force de lãces et adõc
laisserent anglois leurs lãces
cheoir et aux haches se ꝑndrẽt
pour les lances des francoys
briser. Biẽ apparceut messire

bertrand que anglois auoient leurs lances laisse cheoir et lors en francois reconfortant seseria que chascun tint roide sa lance et le pousser fit rāforcier de telle vertu que anglois prindrēt a reculer Quāt ceulx du chastel apparceurēt q̄ aux anglois estoient francois assēbles le pont du chastel firent abaisser et en armes yssirent mais par messire iehā de beaumont furent desconfis et le capitaine prins dont briefment sceurent francois nouuelles q̄ en bataille estoiēt et mōlt en creut leur hardement en cōbatant des lances routerent francois tresgrandement anglois et sur les esles de la premiere bataille auoit mis messire bertrād tresgrant nōbre de gēs darmes et de arbelestriers qui de haches et de trait assemblerent cōtre anglois tellemēt q̄ encloz furent de toutes pars Et en pou deure tourna sur āglois la desconfiture. La fut prins messire iehan deureux par messire pierre de negiō. et y morut ēuirō. vi.c. āglois ne de toute la bataille ne furent retenuz que cinq anglois prisonniers en vie et apres la desconfiture retourna messire bertrād au siege Et en celle iournee fut le chastel rendu et bien fut frustre de son intēcion Jaquentre capitaine de chitre lāglois qui sur la place demoura mort q̄ a son hoste au departir de nyort auoit chargie faire grant appareil pour messire bertrand festoier lequel cuidoit desia auoir sur luy la victoire Et bien est vray ce quō dit en prouerbe asses deschiet de ce que fol pense et lomme p̄pose et dieu dispose.

Tantost que le chastel fut rēdu a messire. b. il fit to⁹ les vestemēs des āglois et des cheuaulx sur quoy montes estoient qui en bataille furent gaignez et dessus fit monter francois. Et hastiuemēt les fit partir de tiset pour venir deuāt nyort. quāt ceulx de nyort apparceurent frācois habillez des robbes et cheuaulx q̄ āglois auoiēt cuiderēt q̄ ce fussēt āglois et appertemēt abaisserēt leur pont et dedens nyort entrerent francoys hastiuement Et quant dedens furent commencerent a crier guesclin et furent prins tous ceulx qui dedens estoiēt

et moult y gaignerēt de belles
richesses Et fit messire ber-
trād la ville et le chasteau gar
nir Et dillec sen ala devant
le chastel de gencay q tātost le
print dassault et le chasteau
garnist Apres la prise de gen
cay chevauKcha devant luzi-
gnen ou ville a bien seant et le
pl⁹ fort chastel de poitou mais
guieres ne seiourna que la vil
le et le chastel conquist. pour la
cōte et seneschaucie de poitou
garder ordonna messire ber-
trand messire olivier de beau-
mont chevalier de regnon Et
puis sen partirent messire ber
trād pour aler a pōtorson luy
et sa chevalerie ou le duc de
bretaigne cuidoit trouver qui
a certain iour avoit promis
dy estre et se mettre en lobeissā
ce du roy charles de france dōt
il nen fit riens aincois sen ala
par mer en angleterre ou il fit
pou de ce quil cuidoit et depuis
en bien povre estat conversa
longuement en la conte de flan
dres. Quant dedens pont-
orson fut messire Bertrand
et les barons de bretaigne
qui la estoient venuz pour
le duc mener devers le roy et
la faulte du duc apparceurēt
en eulx neust que courroucier si
eurent conseil ensemble que de-
puis que le duc failloit au roy
de cōvenāt les villes et les cha
steaulx de bretaigne mettro-
yent en lobeissance du roy dōt
sen entra messire bertrand en
bretaigne de par le roy et chalē
ga villes et chasteaulx. mais
atant se tait ores lystoire des
faiz de bretaigne et retourne
aux faiz de messire bertrand
qui de bretaigne se partit pour
venir a paris devers le roy
charles de france.

EN ceste partie dit ly-
stoire que apres ce que
messire bertrand eust
en bretaigne receu les feaultes
des barons et la saisine de plu
sieurs villes et chasteaulx q̄
au roy se rendirent sen retour
na a paris pour le roy veoir q̄
par ses lectres lavoit mande
avec le roy estoit adoncques
le duc danjou frere du roy et
quant messire Bertrand fut
arrive ne demande nul la chie
re et lonneur qui de par le roy
luy fut faicte Et aussi par les
ducz et princes et par tous
ceulx de la ville Car se dieu
fust descendu en terre a paine

en eust on peu plus faire.

PAr le gre du roy charles de france fit en ce temps le duc danjou vne armee pour aler a perigort contre anglois q̄ le pays de limosin guerreoyēt en la cōpaignie du duc enuoya le roy messire .b. yuō de gales hue de villiers le mareschal de sācerre tibault du pont et plusieurs aultres cheualiers de france q̄ tant alerent q̄ p̄s dūg chastel appelle bernardieres arriuerēt ou mōlt grāt nōbre danglois auoit. et tantost que anglois sceurent la venue du duc danjou et de messire .b. bouterēt le feu en leur forteresse et leurs prisonniers ardirent puis sen partirent a grāt haste Illec arriuerent francois q̄ la destruction appareurent Et la fut trouue vng prestre ars et en sa main tenoit encores vng calipce dōt grāt pitie prit a la cheualerie de frāce qui leur chemin prindrent droit a condac et a vng samedi fit messire .b. cōmencer lassault fier et merueilleux mais par force de mal temps cessa lassault. dessus eulx descendit si grant orage que bien perdirent cent cheualiers. Mais lendemain fit messire bertrans recommēcer lassault de telle puissance que souffrir ne le peurent anglois ains se rendirent au duc leurs vies saulues Et de la se partirent anglois et le chasteau de condac garnir fit. Apres la prinse de cōdac se partit le duc atout ses ostz Et deuant bergerac alla mectre le siege. La ville et le chastel fit messire bertrans assaillir de toutes pars Et asprement se deffendirent anglois mais en la fin se rendirent au duc qui dedens entra Et la ville et le chastel garnist Au partir de bergerac cheuaucherēt le duc et messire Bertrans deuant esmectoit qui tost leur fut rendu et dillec alerent deuant saincte foy qui semblablement se rēdit.

EN ce temps fut p̄ns messire perducas dalebret des francois et moult auoit tout son temps frācoys greuez. moult le hayoit le duc danjou Quant le duc en sceut la prinse tāt traicta q̄ amene luy fut en ses prisons et enferrer le fist Et auāt que de ses prisons peut partir par rancon rendit au roy .xxvii. chasteaulx q̄ en son obeissāce estoyent et a la priere du sire dalebret qui son parent estoit le mist a finance Au sire da lebret estoit le duc tenu en grāt somme de deniers pourtant de pension quil prenoit sur luy et montoit la somme de cent cīquāte mille florins. A celle finance mist le duc par ducas Et au sire dalbret le bailla en payement mais auant son partement paya contēt pour chascun iour quil auoit prisō tenue cinquante florins pour sa despence auec les gaiges de ses gardes.

En ce temps fut pris le sire de dural dedēs son chastel de furet qui frācois promist estre pour ce luy quicta sa rancon mais guieres ne demoura quil se rē dit anglois et tourne luy fut a grant reprouche. Depuis la prinse de furet cheuaucherēt deuant castillon et tātost leur fut rendu. et le chastel fit garnir. de castillon partirent et tant cheuaucherent que deuāt sainct maquaire vindrent et siege y tindrēt. La vindrēt au secours du duc le sire de toursi et le sire de partenay a tresgrās gēs la furēt apportees au duc plusieurs clefz de plusieurs villes et chasteaulx qui au roy se rēdirēt Et par accord se rendirent ceulx de sainct maquaire puis donna le duc congie a tous ses ostz et en touraine retourna Et messire bertrand sen ala a paris deuers le roy q̄ grāt ioye eust de sa venue. Et moult le honnoura et fit honnourer par tous ceulx de son sang.

Longuemēt ne seiourna messire. b. a paris mais par laccord du roy assembla messire. b. tresgrāt armee et dedēs la duchie de guiēne ētra et tāt cheuaucha en cōq̄rāt villes et chasteaulx q̄ deuāt chastelneuf de rādon arriua. la furēt āglois q̄ le chastel garderēt et grādemēt garnis furēt de viures et dartillerie fort fut le chastel et bié seāt et assieger le fit messire. ber. et assault y liura par plusrs foys mais pou y exploicta illec iura messire. b. le siege et tāt tint āgloys a destroit q̄ de nulle part nauoiēt viures pource requirēt anglois vng iour de treues et par deuers messire. b. enuoyerēt leur capitaine q̄ traicta q̄ a vng certaī iour rēdroiēt la place si du roy āglois nauoiēt secours et ce promist et bailla ostage a messire. b. dōt treues

leur furent donnees iusques
au iour que le chastel devoient
rendre.

D Vrans les treues pn
ses par les anglois
du chastel neuf de rā
don rendre messire bertrand q̄
siege y tenoit acoucha au lit de
la mort. Et quant de la mort
se vit si approucher devote-
ment receut ses sacremens et
par devers luy fit venir le ma
reschal de sācerre leql Il tenoit
moult bon cheualier messire
olivier de manny et la cheuale
rie de son siege ausquelz dist.
Seigneurs de vostre cōpai-
gnie me fauldra briefmēt par
tir pour la mort qui est a tous
commune par voz vaillances
et non par moy ma tenu for-
tune en grant honneur en tou
te france en mon vivant et a
vous en est deu lonneur q̄ mon
ame a vous recommande cer
tes seigneurs bien auoie intē
cion de briefmēt par voz vail
lances acheuer les guerres de
france Et au roy charles ren
dre tout son royaulme en obeis
sance mais cōpaignie a vous
ne puis pl' tenir doresenauāt
et nō pourtāt ie requers a dieu
mō createur q̄ couraige vous
doint tousiours enuers le roy
que par vous sire mareschal
et par voz vaillances et de tou
te la cheualerie qui tāt loyaul
ment et vaillammēt se sont
tousiours portez enuers luy
ses guerres soiēt affinees. mō
seigneur le mareschal et vous
aultres messeigneurs q̄ cy estes
dune chose vous vueil requer
re dont mame finera en grant
repoz se faire se pouoit Et di
ray q̄lle. Vo' scauez seigneurs
q̄ anglois ont pns ēuers moy
iournee de leur chastel rendre
dōt en mō cueur ie desire mōlt
q̄ auāt ma mort anglois ren
dissent le chastel. des parolles
de messire. b. eurēt toute la che
ualerie grāt pitie que nul ne le
scauroit dire lung regardoit
lautre en plourant en faisant
le nō pareil dueil que lon veist
oncques et disoient. Helas
or perdons nous nostre bon
pere et capitaine nostre bon pa
steur qui tant doulcemēt no'
nourrissoit et seurement nous
conduisoit et se biē et hōneur
auons cest par luy. O hōneur
et cheualerie tāt perdras quāt
cestuy deffinera et plus's aul
tres regretz faisoient ceulx de
lostre lemēt q̄ ceulx du chastel
aucunement lapparceurent.
mais pourquoy cestoit ne sca

uoiēt riēs Ainsi passa la iour
nee ne du roy anglois neurent
aulcun secours ceulx du cha
stel Et lendemain vint le ma
reschal de sancerre deuāt le cha
stel et le capitaine du chastel
manda lequel tantost vint a
luy et moult doulcement luy
dit le mareschal de sancerre.
capitaine et amis de par mon
seigneur le cōnestable vo⁹ viēs
requerre q̄ le chastel et les clefz
rendez et voz hostaiges aquic
tez selon voz promesses. cour
toisemēt respōdit le capitaine
Sire vray est q̄ a messire. b.
auons cōuenāces lesq̄lles no⁹
tiēdrōs quant no⁹ le verrōs et
nō a aultre. amis dit le mares
chal se de par luy ne venisse ie
ne le vous disse point. Certes
sire ie vo⁹ tiens a biē seur mes-
sagier et aux cōpaignōs de la
garnisō me cōseilleray sur voz
parolles puis vous en feray re
spōse sil vous plaist apres dis
ner. a ce saccorda le mareschal
loys de sancerre q̄ deuers messi
re. b. alla et ce q̄l trouua aux ā
glois luy racompta. Adonc
approucha messire Bertrād
de sa fin et bien le congneust.
Pource māda q̄ lon luy ap-
portast lespee royalle laquelle
luy fut apportee et en sa main
la print puis dist par deuant to⁹
ces parolles. seigneurs entre q̄
iay eu hōneur des mondaines
vaillāces dōt pou suis digne
payer me fault le truaige de la
mort q̄ nul nespargne. premie
remēt vo⁹ prie que enuers dieu
vueillez auoir pour recōman
dee mō ame. et vo⁹ sire loys de
sācerre q̄ de frāce estes mares-
chal plus grant hōneur auez
biē deserui a vo⁹ recōmāde mō
ame ma fēme et tout mō parē
te. Au roy charles de frāce mō
souuerai seigneur me recōmā
deres et ceste espee soubz q̄ est
le gouuernemēt de frāce de par
moy luy rēdres Car en mai
de plus loyal ne la puis mec-
tre en garde. Et apres celle
parolle fit le signe de la croix
sur luy Et ainsi trespassa de
ce siecle le vaillāt messire ber-
trand du guesclin qui tant va
lut en ses iours dont par le re
gnō de sa loyaulte est nomme
le. x. des preux et pour sa mort
demenerent grant dueil la che
ualerie de france et dāgleterre
et iacoit ce q̄ aux āglois il fut
contraire si laimoient ilz pour
sa loyaulte et droicture et pour
ce q̄ amiablemēt et sās dure
ꝑson et rācons les traictoit et
gouuernoit quāt il les auoit.

¶ Cy finist le liure des faiz de messire Bertrand du guesclin cheualier jadiz connestable de france et seigneur de longueuille.

Le more de salles qui nest pas noir

www.ingramcontent.com/pod-product-compliance
Ingram Content Group UK Ltd.
Pitfield, Milton Keynes, MK11 3LW, UK
UKHW022105260726
13993UKWH00001B/328